Der Schächer

Maria Steinbauer

Der Schilcher

und sein Land

Weingenuss auf Steirisch

styria regional

Inhalt

Schilcher

Vorwort von Ulrich Habsburg-Lothringen

Schilcher – meine erste Liebe

„Ich lernte den Samstagvormittag im Gasthaus bei Kartenspiel und Schilcher zu verbringen"– Ulrich Habsburg-Lothringen

Die Koralpe, gemeinsam mit der Saualpe, die einzigen Nord-Süd verlaufenden Gebirgszüge der Alpen, bildet die Grenze zwischen den Ländern Steiermark und Kärnten. Die flach sich nach Osten erstreckenden Ausläufer der Koralpe, mit dem Großen Speik als höchste Erhebung, tauchen im geologisch jüngeren Grazer Becken unter. Diese Landschaft – beginnend im Norden in Ligist, über Stainz, Deutschlandsberg, Schwanberg bis Eibiswald verlaufend – ist das klassische Schilchergebiet, also jene Region, wo die Wildbachertraube zu Hause ist, die von Nord nach Süd zunehmend an Farbe gewinnt und vom Zartrosa in Ligist bis zum kräftigen Rot mit einem Stich ins Rubinrot im Raum Eibiswald an Farbe zunimmt. Das ist auch jene Gegend, in der sich der Charakter des Schilchers mit jenem der Landschaft überlagert. Die weiten Almflächen der Koralpe, die bis 2140 Meter ansteigen, werden unter 1600 Meter Seehöhe von tiefen Wäldern abgelöst, unterbrochen im unteren Teil von kleineren Landwirtschaftsflächen und Siedlungen. Das tiefe Grün der Fichtenwälder wird ab 1000 Meter Seehöhe, von den im Frühjahr weiß blühenden eingesprengten Edelkastanien aufgelockert, um ab 500 Meter Seehöhe in Weingärten überzugehen, die allerdings den zumeist frostigen Talboden meiden. Süd- bis Südost geneigt schmiegen sich die Weingärten mit der Wildbachertraube an die Koralpenausläufer, bestanden mit Winzerhäusern, deren Höfe mit einem Nussbaum bepflanzt und deren Weingärten durch einen sogenannten Klapotetz vor Vogelfraß geschützt werden. Die in Falllinie verlaufende Reihung der Rebstöcke sowie die stark hügelige Ausformung geben der Landschaft ein mediterranes Flair, das an die Toskana mit ihrer senkrecht verlaufenden Schraffur der Weinstockreihen erinnert.

Im Spätsommer, der Zeit der beginnenden Weinlese, meint es besonders der spätere Nachmittag gut mit dem Genießer, wenn die Weingärten vom grünlich durchmengten zarten Ocker bis hin zu hellen Rottönen erstrahlen. Genau dann ist es wichtig, Zeit zu haben, um bei sinkender Sonne unter einem Nussbaum oder vor einem Buschenschank die letzten Strahlen des Sommers mit einem Glas Schilcher oder auch mehreren zu genießen und das beinahe abgelaufene Jahr Revue passieren zu lassen. Natürlich darf nun eine kräftige Jause, zumindest aber ein Brot mit Verhackertem und Zwiebel, noch besser aber mit Knoblauch, nicht fehlen.

Familie Habsburg-Lothringen, wohnhaft auf der anderen Seite der Koralpe

Der geneigte Leser, die geneigte Leserin mag an meiner Schilderung erkennen, dass der Schilcher eher für all jene gedacht ist, die am Ende ihrer Sturm-und-Drang-Periode stehen und sich bisweilen schon einen Ausblick auf ihr späteres Leben gönnen wollen.

Meine Bekanntschaft mit dem Schilcher begann Mitte der 1950er Jahre. Meine Mutter hatte einen Forstbesitz mit Almflächen auf der Koralpe, und dorthin trieb man im Sommer hauptsächlich Vieh aus der Gegend um Eibiswald und Deutschlandsberg. Mein Vater nahm mich daher oft mit, wenn es galt, die Bauern zum Viehauftrieb zu treffen, was meist in einem Gasthaus oder einem Buschenschank stattfand und mit einer guten Jause mit Wein, hier sehr oft auch Schilcher, ausklang. Ein Ort blieb mir besonders in Erinnerung, Rothwein bei Eibiswald – denn hier gab es wirklich roten Wein, wahrscheinlich war es damals schon ein Schilcher. Zu dieser Zeit hörte ich auch die Erzählungen von locker sitzenden Messern nach übermäßigem Schilchergenuss.

Ich studierte Forstwirtschaft in Wien und fand – nach einer wissenschaftlichen Tätigkeit – in Deutschlandsberg, im Herzen des Schilchergebietes, meine erste Arbeitsstelle, wo ich alles vorfand, was für mich interessant war: einen voll integrierten großen Forstbetrieb mit Landwirtschaft, Almwirtschaft, Gasthaus, Sägewerk, Fischzucht mit Teichen und einem Weinbaubetrieb mit großem Weinkeller. Woran es anfangs mangelte, war die Dienstwohnung, sodass ich mehrere Wochen in einem Gasthaus am Hauptplatz in Deutschlandsberg, fernab meiner Familie in Wien, verbringen musste. Hier lernte ich auch, den Samstagvormittag im Gasthaus bei Kartenspiel und Schilcher zu verbringen, wobei mir der Schilcher so richtig erst beim zweiten Viertel zu munden begann. Mit meiner Frau und den drei Söhnen fand ich mich in späterer Folge dann öfters beim Stöckelpeter oder Lamberti zu Schilcher (für die Kinder Apfelsaft) und Jause ein.

Abschließend möchte ich ein kleines Erlebnis erzählen, das in den 1970er Jahren in der Schilchergegend spielt. Es war Herbst, die Karpfenteiche wurden abgefischt, und ich erwarb einen großen Karpfen um 50 Schilling (ca. 3,6 Euro), der für eine fünfköpfige Familie reichen sollte – meine drei Söhne waren damals zwischen fünf und acht Jahre alt. Der Fisch wurde in der Wohnung zum Auswassern in die Badewanne verfrachtet, damit er seinen womöglich lehmigen Geschmack verliert. Bei jedem Bad musste er freilich in den Spülstein ausquartiert werden. Das ging einige Tage so dahin, bis wir das Tier lieb gewonnen hatten. Als mein ältester Sohn sich darüber beklagte, dass der Karpfen wohl bald würde sterben müssen, beschloss meine Frau, den Fisch am darauf folgenden Tag bei meiner Schwiegermutter im Fischteich überleben zu lassen. Also fuhr man noch in der Dunkelheit mit dem Tier im Plastiksack zum Fischteich bei Frauenthal, und alle Kinder samt Ehefrau kontrollierten, ob der Vater wohl tatsächlich den Karpfen dem kühlen Nass wieder übergeben hatte. Der konnte sich allerdings der Bemerkung nicht enthalten, dass dort seine 50 Schilling – ein Drittel seines Tagesverdienstes – nun davonschwimmen würden. Dabei ließ mir der Gedanke an ein gebratenes Karpfenfilet auf Lauch oder Radicchio mit einem Glas Schilcher schon das Wasser im Mund zusammenfließen.

„Ein Drittel meines Tagesverdienstes schwamm davon“– nach Futter bettelnder Karpfen

Einleitung

Vom Haustrunk zum Genussmittel

Schon Plutarch erkannte, dass der Saft der Weinrebe „unter den Getränken das nützlichste, unter den Arzneien das schmackhafteste und unter den Nahrungsmitteln das Angenehmste“ sei.

Die Geschichte des Schilchers geht auf die Entwicklung des Weinbaus nördlich der Alpen zurück. Wahrscheinlich versuchten sich bereits die Illyrer um 700 v. Chr. im Weinbau im Gebiet des heutigen Österreichs. Römischen Berichten folgend, waren es aber die Kelten, die Wein um 400 v. Chr. in der Steiermark und im Burgenland „kelterten“. Die Römer förderten später die vorhandene Weinkultur, und unter Kaiser Probus (276–282 n. Chr.) kam es zu einer ersten größeren Ausbreitung des Weinbaus in der damaligen römischen Provinz Noricum.

Zur Zeit der Völkerwanderung spielte der Weinbau eine eher untergeordnete Rolle. Erst unter Karl dem Großen (748–814) wurden wieder Musterweingüter und Neuanlagen angelegt. Ab dem 11. Jahrhundert waren Klöster und Adelige aktiv um die Kultivierung und Verbesserung des Weinbaus bemüht. Durch eine klimatische Veränderung im späten Mittelalter, die zu einer Warmperiode ausgehend vom pannonischen Raum führte, breitete sich der Weinbau weiter aus, und auch der Konsum dürfte um einiges höher als heute gewesen sein. Damals gab es sogar in der Obersteiermark um Spital am Semmering Weinanbaugebiete. Auch in der Schilchergegend gab es weitverbreiteten Weinanbau. Dort entwickelte sich ab dem 15. Jahrhundert eine rege Transporttätigkeit, die den

Schon die Kelten kelterten im Schillcherland ihren Wein – Kürbis und Schilcher kamen später dazu

Erzherzog Johann
auf seinem Versuchsgut –
Gemälde von Thomas Ender

Bevor Erzherzog Johann in die Steiermark kam, war der Weinbau auf einer sehr niedrigen Entwicklungsstufe. Meist wurde nur Wein aus verschiedenen minderwertigen Traubensorten hergestellt. Man versuchte, möglichst viel vom Stock zu ernten, ohne zu düngen. Auch beim Keltern war kaum Wissen über qualitätvolle Weinproduktion vorhanden. Erzherzog Johann gründete daher 1819 die k.k. Landwirtschaftsgesellschaft und kaufte 1822 in Pickern bei Marburg einen Besitz, um dort ein Musterweingut aufzubauen. Fast alle damals bekannten Weinsorten wurden in Reihen und erstmals mit Pfahl gepflanzt. Der Erzherzog machte Versuche mit tierischem und „vegetativem" Dünger, verschiedenen Rebenschnitten sowie dem Binden, dem Räubern und dem Pinzieren. Er ließ verschiedene Lesezeitpunkte austesten und versuchte sich in diversen Keltermethoden. Er ließ die Beeren abrebeln und achtete auch darauf, dass die Fässer gereinigt wurden. All das galt damals als revolutionär. Das Wissen und die Experimentierfreude des Kaiserbruders stammten von seinen Reisen nach England und Holland, fand er doch dort einen Stand der Technik vor, der hierzulande unbekannt war. So ließ er kleine Modelle und Schauobjekte nach Entwürfen von geschickten Handwerkern anfertigen und stellte sie den Bauern zur Verfügung. In der Kellerwirtschaft wurde die Wichtigkeit des Gärungsprozesses erkannt. Der Ausbau der Weine in kleineren Fässern, Halbstartinen, ermöglichte den Ausbau harmonischer Sortenweine. Pickern war ein echtes Versuchsweingut, das noch heute von der Universität Maribor betrieben wird.

In der Handschrift von Göth (1837) steht über die Erträge der Weingärten der Stainzer Gegend Folgendes zu lesen:

„Der Durchschnittsertrag beim Wein ist schwer zu bestimmen. In schlechten Jahren gibt es per Joch 1 Startin, in guten Jahren gibt es bis zu 4 Startin, der Wein ist ohne Ausnahme von Schilcherstöcken.“ Der Gerichtsarzt in Stainz, ... Macher, schrieb in dieser Zeit aber auch, dass in dieser Region sehr viel Birnenmost erzeugt wurde, der besonders zum Mischen mit Wein diente – gefärbt mit Schwarzbeerwein vom Rosenkogel. Panschen ist so alt wie die Geschichte des Weins, so wurden eben schlechte Jahre überbrückt.
Weniger bekannt ist das Obst- und Weingut, das Erzherzog Johann in Stainz errichten ließ. Er kaufte 1840 das Anwesen der Schlosses Stainz mit all seinen Besitzungen. Eine spezielle Rebschule für Schilcher wurde unter dem Verwalter Anton Neuhold intensiv ausgepflanzt, womit der Anbau dieser Rebe in der Mitte des 19. Jahrhunderts seinen ersten Höchststand erreichte. Der Berliner Geograph Carl Ritter schrieb über eine Einladung in einem Brief aus dem Jahre 1843: „War bei Erzherzog Johann ein einfaches Steirisches Alpenmahl bereitet: Steirischer Sterz, Suppe mit Knödel, Kälbernes und saurer Schilcher, eine Sorte Steyrer Wein ...“
Einen großen Tag erlebte das kleine Bauerndorf Rassach 1847. Erzherzog Johann stattete dem Ort in Begleitung von Kaiser Ferdinand und dessen Gemahlin einen Besuch ab. Die Bevölkerung bereitete dem Kaiserpaar einen stürmischen Empfang. Erzherzog Johann bedankte sich dafür bei seinen treuen Untertanen mit einem Halben Schilcher beim „Greithansl“. Die Rassacher stießen mit ihm an und sangen: „Prinz Johann sol leben, da Kaiser hot eh koan Wein hergeben.“
Erzherzog Johann motivierte innovative Winzer mit Auszeichnungen und Geschenken und formulierte seinen Grundgedanken so: „Der Mangel an Wärme kann durch die Auswahl des Bodens, der Lage, der Sorte, abgeholfen werden. Die Cultur kann auf höhere Abhänge gepflanzt werden, die Wahl eines sandigen, gegen Mittag gelegenen Abhanges ist günstig.“ Er empfahl die Pflanzung von Ahorn, Eichen, Kastanien, Akazien und Lärchbäumen für die Pfahlproduktion. Und er ließ eine Anleitung über die Bereitung von Dörrobst veröffentlichen. Dabei griff er auf Erfahrungen aus Frankreich zurück, wo ein großer Teil des Obstes so verarbeitet wurde. Das Rebholz beim Weingartenschnitt wurde stets gesondert verbrannt, und die Asche fand zum Graufärben der Haussockel Verwendung.

Aus dem Gästebuch von Max Gschiel

Maßeinheiten um 1850

1 Joch	0,57 Hektar
1 Quadratklafter	3,598 Quadratmeter
1 Seidel	0,35 Liter
1 Eimer	58 Liter
1 Fass	10 Eimer (580 l Wein)
1 Startin	566 Liter
1 Pfund/lb (Gewichtsmaß)	0,56 kg
1 Pfund (Zählmaß/Geldeinheit)	240 Stück/Pfennige
1 Gulden, florenus, fl	Goldmünze seit dem 14. Jahrhundert

Wert um 1850

je nach Gegend 1 Kuh	ca. 20 Gulden
Kreuzer	Scheidemünze, Silber oder Kupfer
1 Kreuzer	4 Pfennige
80 Kreuzer	1 Pfund

Auch am Grazer Versuchshof Lesliehof waren Pflanzen und Rebsetzlinge für das ganze Herzogtum zu beziehen, wie aus einer überlieferten Angebotsliste erkennbar ist:

Weißer Wälschriesling	*Blauer Portugieser*
Weißer Klevner	*Rother Traminer*
Weißer Traminer	*Blauer Sylvaner*
Pariser Gutedel	*u. a.*
je 100 Stk. / 2 fl (Gulden)	

1859 starb Erzherzog Johann in Graz. Ihm blieben die kommenden katastrophalen Probleme der Weinbauern erspart. Denn um 1850 wurde der echte Mehltau eingeschleppt, 1878 wurde erstmals die Peronospora attestiert und schließlich trat 1880 das erste Mal die Reblaus auf.

Der Echte Mehltau und die Peronospora (Falscher Mehltau) wurden erstmals mit Pflanzenschutz-Spritzungen behandelt. Die damals zur Verfügung stehenden Mittel waren Schwefel mit Kalk und Wasser gegen Mehltau und Kalk mit Kupfersulfat und Wasser gegen die Peronospora.

Vor allem die Reblaus machte allen Weinbauern schwer zu schaffen. Sie dezimierte die Weinbestände rapide. Zum Stoppen der Reblaus wurde die Rodung der betroffenen Weingärten angeordnet, was naturgemäß zu massiven Protesten führte. Aber bereits 1885 konnte wieder mit der Neubepflanzung begonnen werden, da man auf eine resistente amerikanische Unterlage setzte und darauf die Edelsorte pfropfte. Das Land Steiermark betrieb zur Mitte des 19. Jahrhunderts fünf Rebschulen, die pro Jahr sieben bis zehn Millionen Reben abgaben.

Josef Puchas, der Pflegevater des Stainzer Schilchers

Zu dieser Zeit wurde der Lehrer in Silberberg Josef Puchas (1885–1949) für die Schilcherrebschule gewonnen. Er erhielt seine fundierte Ausbildung zum Weinbau in der deutschsprachigen Universität in Marburg. Als „Pflegevater" des Schilchers machte er sich sehr verdient um die ordnungsgemäße Wiederauspflanzung der Reben. Als Gegenleistung durfte er den Engelweingarten von der Sparkasse pachten. Die erfolgreiche Bewirtschaftung dieses großen Weingartens ermöglichte es ihm, später auch einen eigenen Weingarten am Sonnenhang zu erwerben. Interessant ist auch das Verzeichnis der Arbeiten, die ein Joch (0,57 ha) in der Zeit um 1934 erforderte: „Rebschnitt 35 Tage, Pfähle richten und austauschen 15 Tage, Schwemmerde auftragen 2 Tage, erstes Hauen und Unkrautfreimachen der Reihen 21 Tage, Ausbrocken und Binden 11 Tage. Erstes Spritzen 5 1/2 Tage, zweites Spritzen 6 1/2 Tage, zweites Binden 11 Tage, zweites Hauen 10 Tage, drittes Spritzen 8 Tage, drittes Binden 23 Tage, viertes Spritzen 9 Tage, drittes Hauen 10 1/2 Tage, Gipfeln 7 Tagewerke. Danach kommen noch rund 30 Tagewerke für Weinlese, Ausklaub- und Pressarbeiten."

Ein richtiger Schilcher-Genießer
und Weinbauer –
Ökonomierat Max Gschiel (2. von links stehend)

Max Gschiel, Pionier der Schilcherkultur

Veterinärrat und Ökonomierrat Maximilian Gschiel (1888–1970) war zu seiner Zeit der größte Förderer des Schilchers. Zwar war er hauptberuflich Veterinärmediziner und Gründer der Molkereigenossenschaft Stainz, aber im Herzen war er Weinbauer und Schilcher-Genießer. Er heiratete 1920 Maria Theresia Herunter, eine Stainzer Bürgertochter, und erwarb 1921 das erste Grundstück in der Nähe des Engel-

weingartens. Aus dieser Ehe entsprangen zwei Söhne, die beide im Zweiten Weltkrieg fielen. Das Erbe trat die Nichte Gschiels an, der Sohn Max Vollenwyder ist der derzeitige Besitzer des Anwesens am Sonnenhang.

In seinen eigenen Weingärten pflanzte Gschiel mit seinem Verwalter Jauk die verschiedenen Schilchertypen aus. Unterschiedliche Erziehungssysteme wie auch die damals neueste Technik im Keller wurden eingesetzt.

Am Sonnenhügel bei Stainz machte der Veterinärmediziner und Pionier nicht nur vielfach ausgezeichneten Wein, sondern er empfing auch unzählige Gäste. Das Who-is-Who der damaligen Gesellschaft und Politik, Vertreter verschiedener Versuchsstationen, aber auch Weinpioniere waren bei ihm zu Gast. Verbürgt ist, dass auch ab und zu ein Flascherl Wein getrunken wurde. Gschiel war der Erste, der den Schilcher für „Bessere Leute" in eine Sieben-Zehntel-Flasche abfüllte. Flaschenabfüllung war damals noch unüblich und galt als avantgardistisch, dabei sprach man aber fast ausschließlich von der Doppelliter-Flasche, die heute als „Austro-Magnum" teilweise wieder von sich reden macht.

Gschiels umfangreiches Gästebuch, geführt von 1926 bis 1970, gibt vom regen sozialen Austausch ausreichend Zeugnis. So besuchten ihn Delegationen von Behörden und Ämtervertretern aus ganz Österreich, Diplomaten aus Nairobi (1943) und Neville Malley Nopier, der Generalgouverneur von „Styria and Carinthia" der US-Armee (1945). Der Oberbauart vom Bezirksbauamt versprach schriftlich, die Straßen nach der Güte des Weins herzurichten. In grüner Tinte schrieb der damalige Bundeskanzler Leopold Figl: „Grün ist die Farbe der Hoffnung, die grüne Mark hat es bewiesen in den Gestaden der Weststeiermark! Wir bleiben Steirer und ebenso gute Österreicher.“ Zahlreiche Unterschriften, wie jene der Gudenus oder der Gorbachs unterstreichen dies.

Bei einer Gesellschaft mit dem Botschafter der USA, der schwedischen Gesandtschaft, einem Konsul aus Kanada und Kammeramtsdirektor Holzinger, Weinbaudirektor Vogt und vielen anderen wurde Folgendes in das Gästebuch geschrieben:

> „ *Ein Wein muss vier Religionen haben:*
> *Er muss sein lutherisch lauter vom Fass*
> *Kalvinistisch gekeltert im hellen Glas,*
> *er muss wie ein Jud’ ohne Taufe sein,*
> *Und Katholisch Wunder tun an Mark und Bein.* “

Max Gschiel und Josef Puchas waren Nachbarn. Doch während Gschiel durch viel Weinkellerei-Kunst erreicht hat, dass aus dem Naturwein Schilcher ein anerkannter österreichischer Qualitätswein wurde, der auch im Ausland reüssierte, führte Josef Puchas mit Ried Engelweingarten einen Schilcherweinbau-Musterbetrieb, von dem viele Impulse für Anbau- und Pflegemaßnahmen sowie Veredelungsmethoden ausgingen.

Nach dem Ersten Weltkrieg kam es durch den Friedensvertrag mit Saint-Germain, der die Einfuhr von ausländischem Wein genehmigte, zu großen Absatzproblemen. Viele Direktträger-Weine und mindere Qualität brachten den Weinbauern Probleme. Der Steirer Fritz Zweigelt (1988–1965) war ein promovierter Biologe und Absolvent der Höheren Bundeslehranstalt für Obst- und Weinbau Klosterneuburg, der er als Direktor von 1938 bis 1945 vorstand. Er führte vor dem Zweiten Weltkrieg gemeinsam mit Max Gschiel Untersuchungen zum Blauen Wildbacher durch und unterschied damals schon 40 verschiedene Typen des Schilchers. So konnte er 1936 die Verordnung durchbringen, dass alle Direktträgerreben gerodet werden mussten. Damals war es durchaus gang und gäbe, den Schilcher mit den Direktträgern zu vermischen und so auszuschenken. Oft wurde auch der Direktträger fälschlicherweise als Schilcher bezeichnet, was dem Schilcher die Bezeichnung Rabiatperle oder Faust-Schilcher

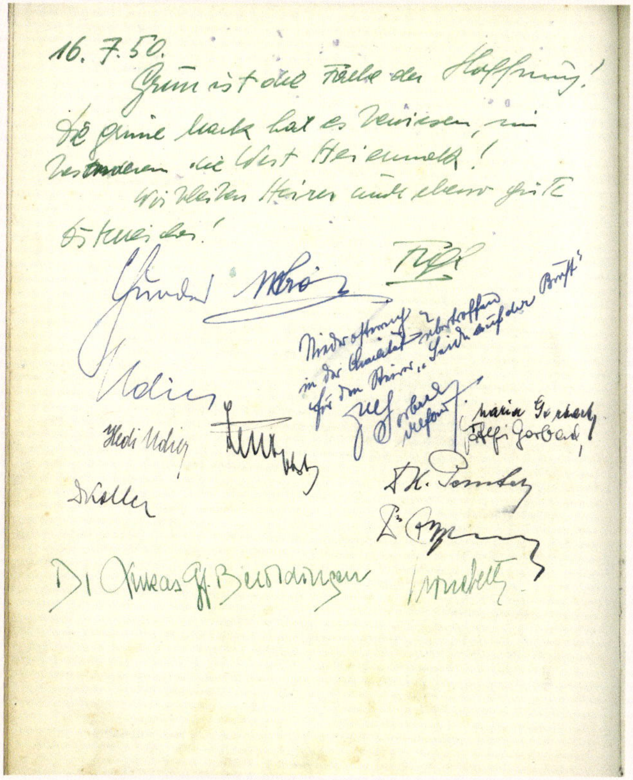

Aus dem Gästebuch von Max Gschiel

einbrachte. Das kam auch daher, dass früher viele Forstarbeiter selten Gelegenheit hatten, Alkohol zu trinken. Wurde der Schilcher mit verschiedenem Alkohol „aufgebessert“ zeigten sich die Burschen schnell rauschig und rabiat.
In diesem Weingesetz von 1936 wurde auch die flächenmäßige Begrenzung des Weinbaus in Österreich verordnet. Für die Steiermark wurden damals 4000 Hektar festgelegt. Die Kontingentierung der Weinflächen ist bis heute gültig.
Eigentlich hätte sich der Weinpreis danach wieder erholt, doch dann brach der Zweite Weltkrieg aus. Die Weingärten wurden naturgemäß vernachlässigt, viele Weinbaugeräte gingen verloren, und der Wiederaufbau erforderte viel Kraft und Geduld. Zur Einschulung der jungen Weinbauern wurden Wanderlehrer bestellt, und in späterer Folge gab es schließlich Kurse für die angehenden Weinbauern.
Da Maximilan Gschiel der Erste war, der den Schilcher in Sieben-Zehntel-Liter-Flaschen füllte, nahm 1969 der Gründer der Domäne Müller, Emil Müller, die Idee auf und füllte den Schilcher auch in die Bouteille. Allerdings ging er einen Schritt weiter und ließ in Bärnbach eine eigene Flasche – erstmals aus farblosem Glas – kreieren und produzieren. So konnte der Schilcher der Kellerei Müller einen farbkräftigen Siegeszug durch Europa antreten. Auch wurde der Schilcher in dieser Kellerei erstmals konsequent trocken und nicht unter 10 % vol. Alkohol ausgebaut, was zu dieser Zeit eher nicht gebräuchlich war. Ein genialer Marketing-Schachzug gelang Emil Müller insofern, als er allen Ärzten in der Steiermark eine Flasche dieses Schilchers zustellen ließ. Die Folge war, dass eine Zeit lang der Schilcher in den 1970er Jahren sogar in Apotheken – natürlich ohne Rezept – verkauft wurde!

„Ein Wein muss vier Religionen haben" – Emmauskapelle in Wies

1974 wurde die „Schilcherweinstraße“ von Landesrat Josef Riegler und Weinbaudirektor Vogt unter aktiver Mithilfe von Kurt Nikodem-Eichenhardt initiiert. Die Beschilderung wurde vom Tourismusverein unter Leitung vom Vermesser Peter Kahlen vorgenommen. Seit 2005 gibt es den „Verein die Schilcherstraße neu“ mit dem Obmann Roland Krois, der sich um die Gestaltung der Weingärten an den Straßen mit Rosenbäumchen verdient gemacht hat.

1976 wurden in der Weststeiermark drei Schilcherweinbau-Vereine gegründet: St. Stefan, Stainz und Deutschlandsberg. Sie alle setzten erfolgreich Maßstäbe bei der Vermarktung des Schilchers. Die Erfolge sind zum Teil so gut gewesen, dass die Südsteiermark schon fast neidvoll auf die Erfolge des Schilchers blickte. Die Popularität des Schilchers nahm rapide bis 1985 zu. Vor allem wurde der Grazer Raum gewonnen, aber es gab auch schon Wiener Liebhaber. Die Schutzmarkengründung „Weißes Pferd“ für klassischen Schilcher fällt in das Jahr 1985. Franz Gosch (1951–2004), Lehrer in Silberberg und Heidelbeerbauer, machte sich um das weiße Pferd sehr verdient, und die Beachtung durch den Konsumenten war erfolgversprechend. Die Marke „Weißes Pferd“ besteht noch immer und wurde 2008 beim Patentamt als Bildmarke registriert, welche die Herkunft und die Qualität des klassischen Schilchers aus der Weststeiermark leicht erkennbar macht.

Die wahren Werte des Schilchers beschreibt der Schilcherprofessor Kurt Nikodem-Eichenhardt, pensionierter Lehrer und sehr verdient um den Schilcher, so: „Den authentischen Schilcher macht der Schieferboden in unserer Gegend aus, seine Säure ist der Charakter, die Tag-Nacht-Temperaturunterschiede machen das Aroma und eben die einzigartige

Rebe." Die Bezeichnung „Schilcherprofessor" kommt noch aus der Zeit, als er Obmann der St. Stefaner Schilcherbauern war. In dieser Funktionsperiode erfand er auch das über Jahre beliebte Wein-und-Kultur-Fest. Ein kultureller Gegenpol zu den meist jenseits vom Genuss liegenden Weinfesten. Seit dieser Zeit präsentiert er auch jährlich zur Johannisweinkost im Refektorium des Schlosses Stainz die neuen Jahrgänge stets mit netten Worten, wie:

Eine frühe Blüte, üppige Vegetation, guter Niederschlag, wenig Infektionsdruck ergaben im Jahr 2003 eine sauber ausgereifte Qualität mit einer Zuckergradation von 18 bis 22 Grad, einer einzigartigen Säure von 8–10 Promille, die bestens eingebunden werden konnte. Sehr aromatisch, ausgereiftes Volumen, lang anhaltender Trinkbaren, beste Harmonisierung der Säure mit der Gesamtstruktur, beinhaltet Kraft, Finesse, Üppigkeit, Zartheit und weist klar auf einen Ausnahmejahrgang hin.

In Folge dessen entstand 2005 der „Weinbauverein Schilcherland" durch Zusammenlegung der Weinbauvereine St. Stefan ob Stainz, Deutschlandsberg und Stainz und hat nun etwa 360 Mitglieder, wovon 80 Betriebe den Wein selbst ausbauen und vermarkten. Die Aufgaben des Vereins liegen vor allem in der Interessensvertretung, in der Qualitätsförderung, sowie im Schutz des Schilchers und in der Erhaltung der Anbauflächen. Der Verein hält auch die Markenrechte am „Weißen Pferd". Dem derzeitigen Obmann Leonhard Steinbauer ist es 2010 gelungen, den klassischen Schilcher in der Weinbezeichnungsverordnung festschreiben zu lassen.
2008 wurde eine Leader-Arbeitsgemeinschaft Schilcherland gegründet, die sich intensiv mit der Markenbildung für die Region beschäftigt. Es wurde nunmehr beschlossen, die Region „Schilcherland" zu benennen.
Auch bei nationalen und Internationalen Verkostungen spielt der Schilcher eine immer wichtigere und populärere Rolle, denn Roséweine sind derzeit im Kommen. Eine spezielle Prämierung beschäftigt sich allerdings ausschließlich mit dem Schilcher – sie wird vom weststeirischen Kiwanis, einem internationalen Service-Club, bereits seit 2005 abgehalten. Initiator und Organisator ist der „Schilchermaler" Rudi Spari, der sich auch als Künstler einen Namen gemacht hat. Der Erlös dieser Verkostung – und auch die jeweilige Präsentation in der Öffentlichkeit bei Bauernbundball, Steiermarkfrühling und vielen anderen Veranstaltungen – ist immer einem guten Zweck gewidmet.

Von der Vergangenheit, über die Gegenwart in die Zukunft

Ein paar junge Stimmen seien hier nun festgehalten, die über die Zukunft des Schilchers und damit auch des Schilcherlandes reflektieren. Stefan Hiden, von Weingut und Buschenschank Hiden, ist die Einzigartigkeit des Schilchers erst im Zuge seine Ausbildung zum Weinbauern in Silberberg bewusst geworden. Die Stärke dieses Weins ist seiner Meinung nach seine Vielfältigkeit, die sich in der nächsten Zeit international durchsetzen wird. Die jungen Weinbauern glauben fest an die internationale Weiterverbreitung des Schilchers.
Aber auch das regionale Potenzial sehen sie noch nicht ausgeschöpft. Und Stefan Pauritsch glaubt fest an die weltweit besondere Bedeutung dieser einzigartigen Vielfältigkeit. Sie geben ganz ordentlich Gas, die jungen Wilden in dieser Region. Der

Mein Schilcher

Von Rudi Spari

Wie schon für die Perser, Griechen und Römer, die ersten Kosmopoliten dieser Welt, Kunst und Wein untrennbar verbunden waren, so wird auch meine Inspiration oftmals vom süßen Saft der Reben betört. Sie lässt mich einzigartige Blicke durch das Weinglas auf prächtige Weinlandschaften erhaschen, die ich dann mit Hilfe der (veredelten) Weintrauben zu Papier bringe.

Ein Narr, wer nun behauptet, die Kunst entstehe aus dem Rausche – ist doch vielmehr der Genuss der Schöpfer alles Schönen (des Weins wie der Kunst)!

Zwar kann es hie und da zum Exzess kommen, im Mittelpunkt des Trinkens steht stets jedoch die Harmonie – ein weiterer Ausdruck der Verwandtschaft dieser Leidenschaften. Denn Harmonie, bei schätzenswertem Bild und Wein, entsteht durch Einzigartigkeit und den Akzent, den beide setzen.

Zuletzt sei noch gesagt, der Wein verändert auch die Kunst und meine wechselnden Vorlieben spiegeln sich in meinen Werken wider. War es vor einigen Jahren die leichte Spritzigkeit jugendlicher Weißweine, danach die tiefe Schwere französischer Rotweine, so ist mein Schaffen heute gehaltvoll wie ein guter Sauvignon und „sortenrein" als Spari zu identifizieren, vergleichbar einem guten burgenländischen Rotwein.

Mag ich nun diese „Geliebten" noch so oft wechseln – meiner großen Liebe werde ich wohl ewig treu bleiben: dem Blauen Wildbacher, der „Rabiatperle", meinem Schilcher! Ist er es doch, der sowohl meine Kehle als auch meinen Pinsel stets von Neuem benetzt, dessen unvergleichliches schillerndes Rot meine Bilder inspiriert und dessen Säure meinen Werken ihren Charakter verleiht.

So wie der Künstler sein Wesen in seine Bilder legt, so verfährt der Winzer mit seinem Wein. Daher ist auch der blaue Wildbacher vom Ried Hochgrail naturbelassen, ein wenig säurebetont, aber von Grund auf unverfälscht und ehrlich– ein echtes weststeirisches Original, wie sein Schöpfer, der „Trapl-Edi". Beide, Erschaffer wie Erschaffener, verfügen über die seltene Gabe, uns die Freude an Kleinigkeiten zurückzugeben, und mögen es „nur" ein herzhafter steirischer Speck oder das selbstgebackene Brot von der „Trapl-Mutter" sein.

Kunst und Wein – von den Amphoren der Antike bis zu meinen Weinbildern heute eine Symbiose, deren Ergebnis Harmonie und Schönheit bedeutet.

Zutaten zu einem einzigartigen Wein

Die Einzigartigkeit des Schilchers wird vor allem durch vier Komponenten geprägt:

1. die autochthone Rebsorte
2. die Ausdrucksstärke vermittelnden Böden
3. das Aroma erhaltende Klima
4. die außergewöhnlichen Weinbauern

Jungwinzer-Bewerb, der 2011 von Josef Haring gewonnen wurde, bietet ihnen eine tolle Plattform, um ihr Können zu zeigen. In der Verarbeitungstechnik werden neue Methoden entwickelt, wie das „Sur-Lie"-Verfahren, bei dem der fertig vergorene Wein noch lange auf seiner Hefe liegen bleibt, um ihn kräftiger und aromatischer zu machen. Diesem Verfahren schenkt der junge Weinbauberater Patrick Niggas besondere Aufmerksamkeit. Auch der momentane Trend lässt auf eine große Zukunft des Schilchers hoffen. Bei der international angesehenen Wine Challenge in Wien – es ist übrigens der größte offiziell anerkannte Weinbewerb – hat bereits zwei Jahre hintereinander in der Gruppe „Rosé, Schilcher, Blanc de noir" ein Schilcher gewonnen. Auch die Exporterlöse der Winzer, der Betriebe Langmann und der Masters of Schilcher, zeigen die internationale Beliebtheit des Schilchers auf. Ein Betrieb muss eben eine maßgebliche Menge haben, um in den Export zu gehen, wobei die Masters of Schilcher ein Zusammenschluss von vier Betrieben ist – Jöbstl, Hainzl-Jauk, Strohmaier und Pauritsch –, die gemeinsam auftreten: Sie vermarkten den Schilcher erfolgreich in Russland. Dagegen hat sich der Betrieb Langmann auf den skandinavischen Raum spezialisiert, wo der Schilcher tatsächlich Furore macht. Laut Stefan Langmann liebt man den Schilcher im Ausland wegen seine Eigenständigkeit und Einzigartigkeit. Im allgemeinen Trend zu Roséweinen stellt der Schilcher etwas ganz Besonderes dar – und nicht wie oft kolportiert eine Marktentlastung von Rotweinen. Auch der Betrieb Müller in Groß Sankt Florian ist auf die weltweite Vermarktung des Schilchers spezialisiert. Er verkauft den Schilcher in die bereits genannten Länder, aber auch in China und Japan beginnt er immer beliebter zu werden, da er sehr gut zu asiatischen Gerichten passt.

Erfolgreich in alle Welt exportiert – der Schilcher

So scheint wohl die Zukunft des Schilchers gesichert zu sein, „solange die eigenen Leute in der Region nicht unterschilchert werden." (R. P. Gruber: „Der Schilcherkrieg ist die Horrorvorstellung eines jeden Schilcherländers.")

Die Rebsorte

Die Rebsorte Blauer Wildbacher geht auf die Ortschaft Wildbach in der Steiermark zurück. Eigentlich wird der Name „Wildbacher" als Begriff (Homonym) für fünf unterscheidbare Wildbachertypen verwendet, die alle ähnlich aussehen. Die genetischen Untersuchungen der letzten Jahre hatten zum Ergebnis, dass alle Wildbachertypen einer der folgenden Genotypgruppen zugeordnet werden können:

- Blauer Wildbacher (Steiermark – A, Treviso – I)
- Wildbacher Spätblau (Steiermark – A, Treviso – I)
- Rotblättriger Wildbacher (D)
- Frühblau (D)
- Wildbacher (HU)

Der meistverbreitete Typ ist der Blaue Wildbacher, aus dem in der Steiermark vor allem der Schilcher gekeltert wird und in Italien im Raum Conegliano ausschließlich Rotwein.
Der Blaue Wildbacher ist ein Heunisch-Sämling, beim anderen Elternteil handelt es sich um eine ausgestorbene Wildrebe. Blauer Wildbacher ist auch nahe verwandt mit der Blaufränkischrebe, einer in Österreich, Ungarn (Kékfrankos) und Deutschland (Lemberger) verbreiteten Rotweinsorte.
Der Austrieb des Blauen Wildbacher erfolgt früh, der junge Trieb zeigt sich rötlich gefärbt, mittelstark wollig behaart und hat eine halb aufrechte Triebhaltung. Das junge Blatt ist oberseits ganzflächig kupfrig bis rötlich gefärbt, auf der Unterseite kann man eine mittelstarke Behaarung zwischen den Blattnerven erkennen. Die älteren grünen Blätter sind keilförmig mit drei bis fünf Lappen und auf der Blattunterseite schwach behaart, jedoch mit starker Beborstung der Hauptnerven.
Die Blüte der Rebsorte ist im Vergleich zu anderen Rebsorten ebenfalls früh. Die Traube des Blauen Wildbacher dagegen reift sehr spät und benötigt wegen der langen Vegetationszeit gute Lagen. Die Wildbacher Traube hat einen kurzen Traubenstiel und ist dichtbeerig. Die etwa 10 bis 15 Zentimeter langen Trauben haben oft eine mittelgroße Beitraube. Die Beeren sind rundlich und sehr klein, weshalb sie eine geringe Platzneigung aufweisen. Die nur ein Gramm schweren Beeren der Wildbacher Traube haben eine dunkelblaue bis auberginеschwarze Haut und ein ungefärbtes Fruchtfleisch, weswegen aus dem Wildbacher alle Spielarten der Weinherstellung möglich sind: gleichgepresster Weißwein, Roséwein mit kurzer Maischestandzeit oder maischevergorener Rotwein.

Dichtbeeriger Traubenstand – der Blaue Wildbacher

Die Rebsorte Wildbacher ist äußerst robust und hat eine sehr gute Winterfrost-Resistenz. Sie ist an das Klima der Weststeiermark bestens angepasst. Auch die Toleranz gegenüber der Botrytisfäule ist wegen der kleinen eher dickhäutigen Beeren gut. Die Rebsorte eignet sich hervorragend zur Erzeugung von Sturm, Roséwein und Sekt und bringt auch strukturstarke Rotweine mit markanter Säure.

Im Schilcherland wird vor allem der Wildbachertyp Wildbacher Blau angebaut. Bevorzugt werden die Selektionen A 14-1, Haidegg 23 und Haidegg 24. Diese Selektionen bürgen für herrlichen Schilcher mit ausgeprägter Beerenaromatik. Daneben findet man auch den genetisch und morphologisch ähnlichen Typ Wildbacher Spätblau mit etwas kleineren und später reifenden Trauben, der sich vor allem für die Weinvariante „Gleichgepresst“ eignet. Schilcher besteht immer zu hundert Prozent aus der Rebsorte Blauer Wildbacher und darf nur im Weinbaugebiet Steiermark als Schilcher bezeichnet werden. Der klassische Schilcher wächst ausschließlich in der Weststeiermark.

Die Böden

Der Schilcher reift an den Ausläufern der Koralm, die Teil des Alpensüdostrandes ist. Zum Unterschied zu den meisten Gebirgszügen der Ostalpen verläuft die Koralm in Nord-Süd-Richtung. Die Koralm besteht aus hochmetamorphen Gesteinen, die vor etwa 340 Millionen Jahren von den ersten Metamorphoseereignissen betroffen waren. Der kristalline interne Aufbau war vor 60 Millionen Jahren im Großen und Ganzen abgeschlossen, die Heraushebung des Gebirgsstockes erfolgte in jüngerer erdgeschichtlicher Zeit. Die Koralm besteht zum

Großteil aus Gneisen und Schiefern, daneben auch aus Marmoren, Serpentiniten und Eklogitamphiboliten. Gneis und Glimmerschiefer haben die besten Böden für den Schilcheranbau hervorgebracht, nämlich kalkfreie Urgesteinsböden. Der Gneis wird auch in Steinbrüchen abgebaut und kommt als Stainzer Plattengneis in den Handel. Üblicherweise findet er für das „Trottoir" oder die „Grean" rund um das weststeirische Bauernhaus Verwendung.

Stefan Klug bei der Weinlese in St. Stefan ob Stainz

Die häufigsten Bodenarten, auf denen der Schilcher gedeiht, sind Ranker-kalkfreie Felsbraunerde aus kristallinen Schiefern. Rankerböden sind flachgründige Böden, bei denen der humose A-Horizont unmittelbar auf dem kalkfreien C-Horizont aufliegt; der Name leitet sich von „Rank" (Berghalde, Steilhang) ab. Daneben findet man vor allem im südlichen Teil des Anbaugebietes kalkfreie Lockersedimentbraunerde und Kulturrohböden aus feinem, kalkfreiem Tertiärmaterial. Die kalkfreien Urgesteinsböden, die teilweise auch rigolt wurden, stellen die Fruchtigkeit des Schilchers sicher und bringen hohe Extraktgehalte in den Wein, die die lebendige Säure hervorragend abpuffern. Der klassische Schilcher verdankt den Gneisen und Schiefern seine Fruchtigkeit und seine Typizität.

Das Klima

Auch das Klima leistet seinen Beitrag zum herausragenden Aroma des Schilchers. Die Klimadaten der zentralen Bezirkshauptstadt Deutschlandsberg untermauern diesen Umstand eindrucksvoll. Die Jahresdurchschnittstemperatur liegt bei 8,9 °C. Während der Hauptvegetationsmonate (Mai bis September) liegt die Durchschnittstemperatur zwischen 14 und

19 °C. Zur Reife sinkt die Durchschnittstemperatur auf 10 bis 12 °C, ein Umstand, der zur Erhaltung der hochfeinen Aromen von besonderer Bedeutung ist. Auch die Versorgung mit Niederschlägen ist optimal. Das Jahresmittel liegt bei 1150 Millimeter Niederschlag, wobei die meisten Niederschläge im Sommer fallen. Dadurch und wegen der geringen Anzahl an Tropentagen mit Temperaturen über 30 °C (nur 10 im langjährigen Mittel) leidet die Rebe nie Mangel, weshalb Stressaromen nicht auftreten können, die störend für die Schilcheraromen wären.

Klima und Böden sind einzigartig und werden es auch in Zeiten des Klimawandels bleiben, da das Weinbaugebiet noch eine Besonderheit hat: Die höchste Erhebung der Koralm ist der Große Speikkogel mit einer Höhe von 2140 Metern. Das Weinbaugebiet Weststeiermark ist das einzige Weinanbaugebiet Österreichs, das einen Temperaturanstieg durch den Klimawandel elegant ausgleichen kann. Nämlich mit Weingärten in höherer Lage: kühle Aromen durch mehr Seehöhe – wie in Chile oder Südafrika.

Die Weinbauern

Dass die Menschen des Schilcherlandes für ihren Schilcher leben, kann man aus dem Weinbaukataster herauslesen. Von den 4280 Hektar Rebfläche in der Steiermark entfallen 10,2 Prozent auf den Blauen Wildbacher. Im Schilcherland hat der Blaue Wildbacher einen Anteil von 78 Prozent an der Rebfläche: Blauer Wildbacher – die Rebsorte aus der Region für die Region, entstanden und selektioniert auf weststeirischen Böden, unter dem klimatischen Einfluss des Weinbaugebietes und kultiviert von Weinbauern mit bester Ausbildung.

Die Weinbauern des Schilcherlandes sollten vor allem deshalb niemals als „Winzer“ bezeichnet werden, weil der „Weinzerl“ oder „Winzer“in früheren Zeiten dem Bauern dienen musste und dafür die Weingartenkeusche bewohnen durfte. Die heutigen Weinbauern erhalten ihre gute Ausbildung in Silberberg, der Kaderschmiede des steirischen Weinbauers. Oft folgt auch eine Ausbildung zum Keller- und Weinbaumeister. Die Berater und einzelne Betriebsleiter erhalten ihre profunden Kenntnisse in Klosterneuburg, an der Lehr- und Forschungsanstalt für Wein und Obstbau vermittelt. Seit einigen Jahren gibt es auch ein Bakkalaureatsstudium an der Universität für Bodenkultur, das 2010 die ersten Absolventen abgeschlossen haben.

Köflach
Voitsberg
Ligist
Gundersdorf
St. Stefan ob Stainz
Greisdorf
Stainz
Bad Gams
Deutschlandsberg
Hollenegg
Schwanberg
Wies
Wernersdorf
Sulmeck Greith
Eibiswald
Slowenien

Die Top 10 der Schilcher-Lagen

Die Schilcherweinstraße

Eine Weinstraße war früher der Hauptverkehrsweg der Fuhrleute, die Wein vom Bauern zum Gastwirt brachten. Es war sicher keine leichte Sache, im unwegsamen Gelände diese oft großen Distanzen zu bewältigen. Heutzutage ist eine Weinstraße eine solche, die möglichst viele Weinbauern miteinander verbindet und den Besucher von einem zum nächsten Weinbauern und zu den Buschenschänken führen soll. Sie sind durchaus nicht mehr unwegsam, wenngleich man oft in einem Winkel der Region landet, den man, fährt man auf dem kürzesten Weg, sicher nicht finden wird. So eine Straße mit vielen geheimen und wunderschönen Plätzen und Aussichten ist die Schilcherstraße. Da die Weststeirer, Männer wie Frauen, Blumenliebhaber sind, gibt es entlang der Schilcherweinstraße unzählige Rosenbäumchen. Die Rose am Beginn einer Weinzeile hat historische Gründe. Man verwendete sie als Anzeiger des echten Mehltaues. Diese Funktion wird heutzutage nicht mehr gebraucht, aber da die schönen Rosen vom Weinbauern bei allen Pflanzenschutzmaßnahmen mitgepflegt werden, gedeihen sie besonders prächtig.

Die Schilcherstraße beginnt in Ligist, führt über den Reinischkogel nach St. Stefan und Stainz, von da nach Bad Gams und weiter über den Wildbachberg nach Deutschlandsberg. Von dort geht es nach Hollenegg, Schwanberg, über Wies nach Eibiswald oder Wernersdorf. Es empfiehlt sich allerdings im Süden zu beginnen und nach Norden zu fahren, da man so die Weingärten mit den Reben viel besser sieht. Der Wein darf laut Gesetz, das auf die Qualität Wert legt, nur auf der Südseite, höchstens auf West- oder Ostseiten angebaut werden. Im umgekehrten Fall, fährt man von Nord nach Süd, sieht man nur gepflegte Wälder.

Weinhof Tippler

Krottendorft 62
8564 Krottendorf-Gaisfeld
☎ +43 (0)3143/33 74
📱 +43 (0)664/96 57 092
✉ genuss@weinhof-tippler.com
🌐 www.weinhof-tippler.com

WEINHOF TIPPLER

Leibenfelder Stubn – Familie Leitinger

Leibenfelder Straße 32
8530 Deutschlandsberg
☎ +43 (0)3462/30 307
FAX +43 (0)3462/30 307-4
✉ leibenfelder-stubn@aon.at
🌐 www.leibenfelder-stubn.at

Gundersdorf

In der 400 Seelengemeinde Gundersdorf gedeihen 24 Hektar Blauer Wildbacher. Die im Norden des Bezirks Deutschlandsberg liegende Gemeinde besteht aus den Ortschaften Assing, Grubberg, Gundersdorf, Hochstraßen und Windhagen und liegt an der Südautobahn. Verbreitet sind Ranker- und Felsbraunerdeböden.

Greisdorf

52 Hektar Blauer Wildbacher stehen in der 1000 Einwohner zählenden Gemeinde Greisdorf. Die Gemeinde liegt im Norden des Bezirks Deutschlandsberg im Weststeirischen Hügelland in der Tourismusregion Stainz-Reinischkogel und umfasst die vier Ortschaften Greisdorf, Hochgrail und Steinreib sowie Sommereben. Die Rebflächen liegen in Seehöhen von 400 bis 600 Metern, bei den Böden sind Ranker und kristalline Felsbraunerde vorherrschend. Die Weine aus dieser Gemeinde haben eine sehr ausgeprägte Aromatik.

Die Lage Hochgrail in Greisdorf

Hochgrail Höhenzug mit Südausrichtung, viel Plattengneis im Untergrund, die Schilcher vom Hochgrail sind mineralisch mit einer Aromatik nach Himbeeren und Erdbeeren.

Langegg Hoch gelegene Lagen von Südost bis Südwest mit tiefgründigeren Böden, die stoffige Schilcher mit einem deutlichen Duft nach Schwarzen Johannisbeeren – Frucht oder aber auch Laub – hervorbringen.

St. Stefan ob Stainz

31 Hektar Blauer Wildbacher werden in der Gemeinde St. Stefan ob Stainz angebaut. In den Ortschaften Lemsitz, Lichtenhof, Lestein, Neuberg, Pirkhof, Pirkhofberg, St. Stefan und Zirknitz leben 2200 Einwohner. Die Gemeinde liegt im Norden des Bezirks Deutschlandsberg und grenzt an Greisdorf. Die Weingärten liegen zwischen 400 und knapp 500 Meter Seehöhe. Bei den Böden überwiegen Ranker und Felsbraunerde.

Die Lage Neuberg in St. Stefan ob Stainz

Neuberg Süd-Südostlagen mit tiefgründigen Böden, die auch grünere Noten in den Schilcher bringen.

Kirchberg Hügellage mit Südostausrichtung, sandige Böden, würzige Schilcher mit Beerenaromatik.

Stainz

Man glaubt eigentlich nicht, dass der Schilchermarkt Stainz nur 6 Hektar Blauer Wildbacher Fläche aufweisen kann. Die 2500 Einwohner zählende Marktgemeinde wird nämlich stark mit dem Schilcher in Verbindung gebracht (Schilchertage, Max Gschiel). Über dem Ort thront das Schloss Stainz, das einst Erzherzog Johann, der große Förderer des steirischen Weinbaus angekauft hat. Heute ist es im Besitz der Familie Meran und beherbergt ein Museum. Ein wunderbares Bauwerk ist auch die barocke Stiftskirche.

Engelweingarten Südlagen mit Felsbraunerdeböden, die Schiefereinschlüsse aufweisen, bringen mineralische und haltbare Schilcher.

Die Lage Engelweingarten in Stainz

Arkadenhof des ehemaligen Augustiner Chorherrenstifts, heute Schloss Stainz

Deutschlandsberg

Die Bezirkshauptstadt Deutschlandsberg verfügt über 39 Hektar Blauer Wildbacher Rebfläche. Die zentral gelegene Bezirkshauptstadt hat 8160 Einwohner in 13 Katastralgemeinden: Blumau, Bösenbach, Burgegg, Deutschlandsberg, Hinterleiten, Hörbing, Leibenfeld, Oberlaufenegg, Sulz, Unterlaufenegg Warnblick, Wildbach und Wildbachberg. Das Wahrzeichen Deutschlandsbergs ist die Burg, in der ein Hotel und Restaurant zu finden sind. Die verbreiteten Böden sind Felsbraunerde (Burgegg) und Lockersedimentbraunerde am Wildbachberg. Die Weingärten der Stadtgemeinde befinden sich auf einer Seehöhe von 380 bis 500 Metern.

Burgegg Die Kessellage mit Südausrichtung und die Urgesteinsverwitterungsböden fördern eine Johannisbeeraromatik mit Waldbeer- und Rhabarbernoten.

Wildbachberg Ein Höhenzug mit Süd-Südwestausrichtung, tiefgründige Böden, kräftige Schilcher mit Brennnessel-, Erdbeer- oder Johannisbeeraromatik.

Bad Gams

Im Kurort Bad Gams finden sich 31 Hektar Blauer Wildbacher Weingärten. Die etwa 2300 Einwohner zählende Marktgemeinde zieht sich vom Nordwesten bis fast in die Mitte des Bezirkes Deutschlandsberg. Die zwölf Katastralgemeinden sind Bergegg, Feldbaum, Furth, Gams, Gersdorf, Greim, Hohenfeld, Mitteregg, Müllegg, Niedergams, Salegg und Vochera am Weinberg. Ranker, Felsbraunerde, Lockersedimentbraunerde sind die vorherrschenden Böden. Weingärten findet man hier bis etwa 500 Meter Seehöhe.

Burg Deutschlandsberg – heute beherbergt das imposante Bauwerk einen Hotel- und Restaurantbetrieb

Hollenegg

Hollenegg (22 Hektar Blauer Wildbacher) ist nicht nur für den Schilcher bekannt. In der 2140 Einwohner-Gemeinde findet man das Schloss Hollenegg mit seinem schönen Park. Die Gemeinde liegt ziemlich zentral im Bezirk Deutschlandsberg und besteht aus den Katastralgemeinden Aichegg, Hohlbach, Hollenegg, Kresbach, Kruckenberg, Neuberg, Rettenbach und Trag. In dieser Gemeinde liegt das östliche Portal des Koralmtunnels. Lockersedimentbraunerde (Aichegg), Felsbraunerde und Ranker sind die Weinbauböden.

Aichegg Südostlagen, Schilcher mit Noten von Johannisbeerlaub, Rhabarber und Brennnesseln.

Einst Stammsitz derer von Hollenegg, heute im Besitz der Fürsten von Liechtenstein – das Renaissanceschloss Hollenegg

Weinbau Familie Schuiki

vulgo Grabenbauerhiasl
Aichegg 10
8541 Hollenegg
✉ weinbau-schuiki@gmx.at

Familie Schuiki

Schilcher-Weinbau Heinz und Simone Koch

Aichegg 30
8541 Hollenegg
+43 (0)664/50 59 420
✉ koch.heinz@a1.net

SCHILCHER Weinbau Heinz & Simone KOCH

Wernersdorf

Das „Schilcherdorf“ Wernersdorf liegt an den Ausläufern der Koralpe und verfügt nur über 9 Hektar Blauer Wildbacher Fläche, da die ansässigen Betriebe oft auch Rebflächen in der Nachbargemeinde Wies bewirtschaften. 650 Einwohner hat die im Süden des Bezirks liegende Gemeinde, die sich besonders als Startpunkt für eine Reise auf der Schilcherweinstraße eignet. Bei einer Fahrt vom Süden in den Norden des Bezirks hat man nämlich die Weingärten immer vor sich. Die verbreiteten Böden sind Felsbraunerden und Ranker.

Guntschenberg Südhänge entlang der Weißen Sulm in 460 bis 520 Meter Seehöhe, die rotbeerige bis grasige Schilcher hervorbringen.

Wies

Die mit einer Schilcherfläche von 36 Hektar drittwichtigste Schilchergemeinde ist die Marktgemeinde Wies mit etwas über 2300 Einwohnern. Wies liegt im Südwesten des Bezirks Deutschlandsberg am Fuße der Koralpe. Über dem Ort liegt das Schloss Burgstall, in dem eine landwirtschaftliche Fachschule untergebracht ist. Durch den aus sieben Katastralgemeinden bestehenden Ort fließt die Weiße Sulm. Buchegg und Gaißeregg im Nordosten, Wies und Aug im Südosten, Altenmarkt im Süden, Vordersdorf im Südwesten und Etzendorf im Nordwesten. Es finden sich hier beinahe alle Bodentypen, auf denen Schilcher angebaut wird: Ranker, Felsbraunerde (Kraß), Lockersedimentbraunerde, teilweise pseudovergleyte Lockersedimentbraunerde. Die Weinlagen finden sich in Seehöhen zwischen 380 und 500 Metern.

Kraß Südhänge an den Ausläufern der Koralpe, die markante Weine mit einem Duft nach Roten Johannisbeeren mit Zitrusnoten gedeihen lassen.

Sulmeck-Greith

Die Gemeinde Sulmeck-Greith liegt in der südlichen Weststeiermark an der Mündung der Schwarzen und der Weißen Sulm. Die knapp 1400 Einwohner bebauen 10 Hektar Fläche mit der Blauen Wildbachertraube. Der flächenmäßig größte Teil des Gemeindegebietes mit den Katastralgemeinden Gasselsdorf, Dietmannsdorf und Graschach liegt im Mündungsbereich der beiden Sulmquellen. Schwarze und Weiße Sulm münden hier ineinander. Auf Lockersedimentbraunerde, teilweise pseudovergleyt, reifen hier die Trauben, aus denen Schilcher und Rotwein erzeugt werden.

Schilcherweinbau
Familie Norbert Brauchart
St. Peter im Sulmtal 23
8542 St. Peter i. S.
☎ +43 (0)3467/84 60

Buschenschank Moser
Limbergerweg 66
8541 Schwanberg
☎ +43 (0)3467/75 50
+43 (0)664/73 72 74 80

Gesetzliche Grundlagen

In der Dritten Verordnung des Bundesministers für Land- und Forstwirtschaft, Umwelt und Wasserwirtschaft über die Bezeichnung von Weinen (Weinbezeichnungsverordnung – WeinBVO) vom 1. April 2011 werden nur zwei Weine, die nur in einem Weinbaugebiet angebaut werden dürfen, definiert: Schilcher Klassik und Wiener Gemischter Satz.
Der Gesetzgeber „verordnet" den Schilcher folgendermaßen:

> § 1. (1) 10. „Schilcher Klassik"; Bezeichnungen wie „Klassik", „Classic" oder „Classique" in Verbindung mit der Bezeichnung „Schilcher" (Abs. 2 Z 7):
> a. Es muss sich um einen Roséwein ausschließlich aus der Rebsorte „Blauer Wildbacher" handeln;
> b. die Trauben müssen ausschließlich aus dem Weinbaugebiet „Weststeiermark" stammen;
> c. der am Etikett angegebene vorhandene Alkoholgehalt hat von 10,5 bis 12,5 % vol. zu betragen;
> d. der Gehalt an unvergorenem Zucker hat höchstens 3 g/l zu betragen;
> e. klassische Fruchtaromatik (z. B. Erdbeere, Johannisbeere, Himbeere, Holunderblüten);
> f. kein Holzeinsatz, kein biologischer Säureabbau.
>
> § 1. (2) 7. Die Bezeichnung „Schilcher" darf für Landwein, rosé, oder Qualitätswein, rosé, verwendet werden, der ausschließlich aus in der Weinbauregion Steirerland oder dem Weinbaugebiet Steiermark geernteten Trauben der Rebsorte „Blauer Wildbacher" bereitet und in der Steiermark hergestellt wurde; die Wortverbindungen „Schilchersturm", „Schilchersekt", „Schilcherperlwein", „Schilcherperlwein mit zugesetzter Kohlensäure" sowie „Schilcherglühwein" sind zulässig; ebenso die Bezeichnung „Schilcherfrizzante" zusätzlich zur jeweiligen Verkehrsbezeichnung;

Der Schilcher ist zu 100 Prozent einzigartig und das sogar dreimal: Erstens zu hundert Prozent aus der Steiermark und zweitens zu 100 Prozent aus der autochthonen Rebsorte Blauer Wildbacher. Bei anderen österreichischen Weinen sind mindestens 85 Prozent Rebsortenanteil für die Sortenbezeichnung ausreichend. Drittens wird der Schilcher als „echter" Roséwein ausgebaut und ist kein „Abfallprodukt" bei der Rotweinbereitung („Saignée" oder Saftabzug) oder gar ein Verschnitt aus Weiß- und Rotwein, wie zum Beispiel Rosé-Champagner.

Bl. Wildbacher
Kl. Haidegg 21

Alles vom Blauen Wildbacher

Schilchersturm ist im Herbst
das beliebteste Getränk –
alter Hof in Bad Gams

Die Rebsorte Blauer Wildbacher ist eine äußerst universelle Rebsorte, wobei die eigentlichen Stärken in mit „Sch" beginnenden Getränken liegen: Schilcher, Schilchersturm, Schilchersekt und Schilchertraubensaft. Auch der Rotwein aus dem Blauen Wildbacher hat in Italien und Österreich seine Anhänger gefunden.

Schilchertraubensaft

Für den Schilchertraubensaft werden die Trauben gerebelt und nach einer kurzen Maischestandzeit gepresst. Der Most wird vorgeklärt und der Weinstein durch starkes Abkühlen stabilisiert. Danach wird der Traubensaft eventuell filtriert und durch Erhitzen haltbar gemacht. Wegen der knackigen Säure ist der rosarote Schilchertraubensaft als Getränk sehr harmonisch und auf Grund der ausgeprägten Beerenaromatik ein sehr fruchtiges Trinkvergnügen. Da Schilchertraubensaft nicht industriell hergestellt wird, handelt es sich stets um einen Direktsaft, niemals um ein rückverdünntes Konzentrat.

Schilchersturm

Das beliebteste Getränk an schönen Herbsttagen – und da vor allem zu gebratenen Edelkastanien – ist der Schilchersturm. Da man unter Sturm einen Traubenmost im Zustand der Gärung versteht, ist Schilchersturm nicht das ganze Jahr erhältlich. Der Gesetzgeber gestattet den Verkauf von Sturm vom 1. August bis 31. Dezember, den Schilchersturm gibt es im September, Oktober und November. Schilchersturm ist dunkelrosa bis pink, prickelnd, vibrierend, sehr fruchtig mit einem harmonischen Zucker-Säure-Spiel. Für

Genießen

Was ist Genuss?

Diese Frage ist schlicht und einfach unmöglich zu beantworten. Der Genuss ist so vielfältig wie die Menschen, die genießen.

Aber eines ist gewiss, Genuss findet nur im Hier und Jetzt statt, man kann nicht in der Vergangenheit genießen oder sich den Genuss lange aufsparen.

Grob unterteilen kann man Genuss in kulinarische, geistige, materielle, soziale und körperliche Genüsse.

Kulinarische Genüsse: Die häufigste Assoziation mit Genuss hat man mit Essen und Trinken. Der kulinarische Genießer wird als Feinschmecker oder Gourmet bezeichnet.

Zu den geistigen Genüssen zählen Lesen und Musikhören, Urlaub, Naturerlebnisse, kreative Tätigkeiten.

Genuss durch körperliches Wohlbefinden kann man passiv oder aktiv empfinden. Im Wesentlichen sind damit Sport, Sexualität oder auch die wohltuende Wirkung einer Massage gemeint.

Materieller Genuss ist der Konsum. Der ist allerdings meist nur von kurzer Dauer, es sei denn, man nutzt das Geld für Erlebnisse, Urlaub oder Kulturelles.

Soziale Interaktionen lassen sich auch genießen: im Freundeskreis, in der Familie, unter Arbeits- oder Vereinskollegen oder auch in Glaubensgemeinschaften. Oft wird auch Wohltätiges von diesen Gruppen initiiert, das gehört genauso dazu.

Eine grundlegend positive Lebensgestaltung ist ausschlaggebend fürs Genießen.

Bereits die griechischen Äskulap-Jünger, also die Anhänger des Gottes der Heilkunst, erkannten den Zusammenhang zwischen Emotion und Gesundheit und empfahlen als Therapie: Musik, Schlaf und Gebet, womit der Urvater der Ärzte den Grundstein zur Psychosomatik legte. Genuss schließt jedenfalls viele Bereiche mit ein.

Genuss ist ein Zusammenspiel von:

- *Glück und Zufriedenheit*
- *Dankbarkeit*
- *Optimismus, Zuversicht und Hoffnung*
- *Wohlbefinden und Lebensqualität*
- *Muse*
- *Achtsamkeit*

Anwendung der Genuss-Therapie

In der Medizin heißt Genuss-Erleben-Lernen Euthyme Therapie. Entsprechend der griechischen Wortbedeutung wird unter euthymem Erleben all das verstanden, was dem Gemüt und der Seele gut tut. Euthymes Erleben ist mit positiven Emotionen gekoppelt, wie zum Beispiel Freude, Spaß, Entspannung oder Wohlbefinden. Angewendet wird diese Therapie bei:

- *Depressionen*
- *Ess-Störungen*
- *Alkoholproblemen*
- *Zwangserkrankungen*
- *Workaholics*
- *Burn-out/Erschöpfungssyndrom*
- *Schmerzstörungen*
- *psychosomatischen Erkrankungen*

Krankheit und Gesundheit liegen auf den Waagschalen unseres Lebens. Neigt sich die Waage auf der Krankheitsseite hinunter, so ist die Krankheit schwerer oder die Gesundheit zu schwach. Wenn wir bei diesem Bild bleiben wollen, so können wir mit Hilfe der Genuss-Therapie einiges an Gewicht auf die Gesundheits-Waagschale legen und damit einen Beitrag zur Hebung der kranken Seite beitragen. Die Patienten können in einer Therapie erfahren oder wieder entdecken, was ihnen gut tut und wie und wo sie sich Kraft holen können.
Unser Gehirn ist so konstruiert, dass wir lebenserhaltende und arterhaltende Handlungsweisen bevorzugen. Dazu wird der Nervenbotenstoff Dopamin und auch Acetylcholin vom Limbischen System, dem Belohnungszentrum, ausgestoßen. So gut so einfach. Wir aber trachten ständig danach, mehr Dopamin-Ausschüttung zu produzieren, weil das ja so angenehm ist. Wir versuchen mit bewussterem Genießen oder auch durch den Einsatz von Suchtmitteln, die Dopamin-Freisetzung chemisch vorzutäuschen. Und genau da beginnt unser Problem. Genuss ist deutlich vom Suchtverhalten zu unterscheiden. Der Genießer versucht, Angenehmes zu finden, er sucht positive Verstärkungen. Der Süchtige versucht einen Mangel, den er empfindet – Glückshormon-Ausschüttung –, mit einem Genussmittel zu stillen. Das allerdings ist eine negative Verstärkung.
Was uns vom Genuss abhält:

- *Konsum*
- *Gewöhnung*
- *schädlicher Gebrauch*
- *Sucht*

Hinter jeder Sucht steckt eine Sehnsucht. Wir müssen uns bewusst machen, was uns fehlt!

Genussfähigkeit

Jeder empfindet Genuss anders. Eine Voraussetzung gilt jedoch für alle: die Genussfähigkeit. Dazu sind Barrieren abzubauen, die – vielleicht auch nur vorübergehend – das Genießen beinahe unmöglich machen:

- Depressionen
- zwischenmenschliche Probleme
- schlechtes Arbeitsklima, Überforderung
- Müdigkeit und Schlaflosigkeit
- Einsamkeit
- Angst und Zwänge
- Trauer bzw. Todesfall
- Eile und Hektik
- Stress und Anspannungen
- schwaches Selbstbewusstsein

Die Genussfähigkeit geht leicht verloren. Damit das nicht passiert, sollten alle genussfeindlichen Faktoren gelöst oder beseitigt werden. Muße, Achtsamkeit und Entspannung sollten einkehren. Euthyme, also genussbringende Verhaltensweise bedeutet Freude, Lachen, Wohlfühlen, Glücksmomente, Entspannung, Tagträume und vieles mehr. Ein Freudemangelsymptom oder Genussunfähigkeit ist geradezu eine neue Seuche in der westlichen Gesellschaft und sie ist noch dazu sehr ansteckend. Wer missmutige Menschen in seiner Umgebung hat, wird leicht durch ihre zur Schau getragene Mimik und Gestik mit schlechter Laune infiziert.

„*Des Honigs Süße verdrießet,*
so man zu viel genießet."

Freidank, mittelhochdeutscher Dichter

Vorbeugend genießen

Es soll aber nicht so weit kommen, dass wir ernste Beschwerden bekommen und eine Therapie brauchen. Richtiges Genießen kann den vorhin genannten Erkrankungen gut vorbeugen. Genuss wirkt gegen Stimmungstiefs, die zwar zum Leben gehören, aber wenn wir wissen, was uns gut tut, können wir uns selbst besser helfen.

- Selbstbewusstsein stärken, indem man Erfolge hat. Das gelingt durch richtiges Stecken der Ziele. Es sollte keine große Diskrepanz sein zwischen dem So-bin-ich und dem So-möchte-ich-sein. Menschen mit geringeren Ansprüchen sind mit kleinen Erfolgen zufriedener. Jene, die sich zu hohe Ziele stecken, sind mit ihren recht beachtlichen Erfolgen aber noch immer unzufrieden.
- Gelernter, maßvoller und genussvoller Umgang mit Alkohol verhindert Abhängigkeiten
- Nehme ich mir zeitgerecht Auszeiten, kann ich nicht ausbrennen. Genuss vorbeugend gegen Stress einsetzten. Die Zeit gut planen, keine Arbeiten lange aufschieben und auch Nichtstun einplanen. Selbstfürsorge zu betreiben ist sehr wichtig. Auch Hilfe annehmen gehört dazu!
- Lachen lernen und Freude gewinnen. Öfter ein Lächeln aufsetzen und mit Freunden lachen. Lachen ist gesund und bewusst Freude-erleben-lernen gesund für uns. Alle Genussinseln durchchecken, irgendetwas passt sicher für den jeweiligen Tag.

Genussregeln

Wie oder was genießen wir derzeit? Viele von uns essen fast ausschließlich Vorgefertigtes oder Fastfood. Sie haben keine Ahnung, woher die Zutaten kommen oder welche saisonalen Gemüse- und Obstsorten zum jeweiligen Zeitpunkt auf dem Markt sind. Gegessen wird neben dem Computer oder im Gehen, beim Autofahren. Dabei wird noch telefoniert und zugleich die Nachrichten im Radio gehört. Das ist Hungerstillen, aber mehr nicht! Genuss ist etwas anderes.

Genuss braucht Zeit

Kinder sind die Einzigen, die alle Zeit der Welt haben. Sie können noch trödeln, genießen ausgiebig das Spiel mit den Bauklötzen, bummeln am Schulweg. Sie machen tatsächlich das, was ihnen wichtig ist, ohne Kompromisse einzugehen. Ihre Mütter würden sie aber lieber bei einem Instrument, bei den Aufgaben oder beim Zusammenräumen des Zimmers sehen. Den Kindern ist noch nicht bewusst, dass wir nur eine begrenzte Lebenszeit zur Verfügung haben.

Sämtliche Zeitmanagement-Bücher erklären uns ganz genau, wie wir mit der Zeit umzugehen haben. Wir können konsequent Zeit sparen, indem wir Prioritäten setzten, Zeitdiebe erkennen, Ziele verfolgen, schriftlich planen, Pausen planen, Arbeiten delegieren. Wer diese Regeln beachtet, kann Zeit gewinnen, aber wofür? Dabei sollte jeder darauf achten, die gewonnene Zeit nicht wieder in Arbeit zu investieren. So hat keines der Haushaltsgeräte ihren Benützern mehr Zeit geschenkt. Jedes Gerät erleichtert und beschleunigt zwar die Arbeit, aber die freie Zeit wird meist für weitere Erwerbs-

Die Genussregeln des Paracelsus

Philippus Theophrastus Aureolus Bombast von Hohenheim, genannt Paracelsus

Paracelsus war Arzt, Alchimist, Astrologe und Philosoph. Er lebte am Beginn des 16. Jahrhunderts und starb 1541 in Salzburg. Im Zusammenhang mit Weinkonsum stellte er die sieben Genussregeln auf, welche bis zum heutigen Tag gültig sind:

- Genuss braucht Zeit: Zeit muss man sich nehmen, um für Genuss einen Freiraum zu schaffen.
- Genuss muss erlaubt sein: Anerzogene Hemmungen sollen wir erkennen und Verbote dieser Art einfach durch Erlauben oder durch Tun korrigieren. Rahmenbedingungen aber trotzdem einhalten, sonst gibt es schlechtes Gewissen.
- Genuss geht nicht nebenbei: Genießen ist nicht zugleich mit anderen Tätigkeiten möglich. Beim Genießen darauf achten, dass die Umgebung nicht stören kann.
- Wissen, was einem gut tut: die eigenen Vorlieben kennen, danach handeln und nicht tun, was gerade in Mode ist.
- Weniger ist mehr: Wir trachten danach, dass wir alles, was und gefällt, unbegrenzt haben möchten. Aber ab und zu auf etwas verzichten, hebt dessen Genuss.
- Ohne Erfahrung kein Genuss: zu wissen, woher die Genussmittel kommen, wie sie entstehen, sie beschreiben können, viel darüber wissen – das ist der besondere Genuss.
- Genuss ist alltäglich: Vielfältiger Genuss ist im alltäglichen Leben auffindbar, nicht nur kulinarischer Natur. Wir brauchen ihn nur als solchen erkennen.

tätigkeit verwendet. Doch die gewonnene Zeit wäre in den persönlichen Genuss besser investiert.
Stellen Sie sich vor, Sie kochen für ein paar liebe Freunde. Dazu muss erst einmal genau geplant werden. Zuerst einkaufen, dann vorkochen, die Weine einkühlen, dann Tisch decken, fertig kochen – dann erst können die Freunde begrüßt werden. Hoffentlich ist das Menü so gut vorbereitet, dass Sie selbst auch wirklich Zeit haben, mit Ihren Freunden den Abend zu genießen – sich Zeit lassen beim Essen, Besteck zwischendurch ablegen, sich zuprosten, zurücklehnen, genießen. Anschließend lässt man alles Genossene während des Zusammenräumens (bei dem der Partner hoffentlich hilft) nochmals Revue passieren. Vorbereiten – genießen – nachbereiten.
Genuss braucht also Zeit. Warum haben wir aber so wenig Zeit? In unserer gestressten Welt ist jeder nur etwas wert, wenn er viel zu tun hat. Also muss man noch mehr machen, denn jeder, der einmal weniger zu tun hat, glaubt, schon überflüssig zu sein. Geschweige denn, man ist einmal krank, und kann nicht wie gewohnt gestresst sein.
Also Zeit gut planen, sich selbst wichtig nehmen und dann genießen. Ein paar Tipps, die, je nach konsequenter Umsetzung, mehr oder weniger Zeit zum Genießen schenken:
Zuerst einmal sollte man sich bewusst machen, wofür man eigentlich mehr Zeit haben möchte. Wenn Arbeiten das Lustigste in meinem Leben ist, dann werde ich keine Freude mit der Zeit haben, die ich gewonnen habe.
Wer die Regeln beherrscht, mehr Zeit zum Genießen zu finden, der muss weniger Zeit darauf verwenden, den Raubbau an seiner Gesundheit auszubügeln.

„Guten Tag“, sagte der Händler. Er handelte mit höchst wirksamen, durststillenden Pillen. Man schluckt jede Woche eine und spürt überhaupt kein Bedürfnis mehr zu trinken. „Warum verkaufst du das?“ fragte der kleine Prinz. „Das ist eine große Zeitersparnis“, sagte der Händler. „Fachleute haben ausgerechnet, dass man damit 53 Minuten pro Woche sparen kann.“ – „Und was macht man mit den 53 Minuten?“
„Man macht damit, was man will.“ – „Wenn ich 53 Minuten zu Verfügung hätte“, sagte der kleine Prinz, „dann würde ich ganz gemächlich zu einem Brunnen spazieren.“

Genuss muss erlaubt sein

In unserer Erziehung tauchen immer wieder gewisse Genusstabus auf, die uns in unserer Genussfähigkeit behindern.
Mit der Arbeit wird man sowieso nie fertig, haben wir oftmals gehört: Nur ja nicht genießen!
Früher mag das durchaus seine Richtigkeit gehabt haben. Es ging ums pure Überleben. Nur wenige hatten Zeit für Genuss – und ihnen war man es im Grunde neidig. Damit nicht alle in Selbstmitleid zerfließen, wurde der Genuss als schlecht dargestellt. Heute ist das ganz anders. Wir haben einen gewissen Wohlstand erreicht und die Freizeitgestaltung nimmt einen wesentlichen Bereich im Leben eines jeden ein. Somit könnten wir es uns alle leisten zu genießen – und das sollten wir mit ruhigem Gewissen – uns selbst zuliebe – auch tun. Der Wein ist gewiss ein Genussmittel, dem man seine ganze Aufmerksamkeit widmen muss.
Leider gibt es aber noch ein paar Gebote, die eingehalten werden müssen, sei es aus religiöser, rechtlicher oder auch gesundheitlicher Sicht. Es nutzt überhaupt nichts, wenn ich Wein zum Essen zwar trinke, aber im Hinterkopf dran denke, dass ich eigentlich gleich noch mit dem Auto fahren muss. Das Gleiche gilt für den Genuss einer Kastanientorte. Besser ein paar Kastanien ohne Torte genießen, als Torte mit schlechtem Gewissen.

Genießen kann man nicht nebenbei

Wer kennt das nicht: E-Mails lesen, Anrufe beantworten und vielleicht noch zugleich mit einem Mitarbeiter besprechen, ob er eine Unterschrift braucht. Hallo geht's noch? Wir leben mit ständiger Reizüberflutung, Multitasking ist Pflicht, wir müssen immer mehr leisten. Sich kurze Zeit auf etwas konzentrieren. Einfach nur den Vogel vorm Fenster beobachten. Einen Gedanken fertig denken. Wir nehmen uns nicht die Zeit oder vielleicht schlimmer – wir können es nicht mehr. Wir mussten lernen, in möglichst kurzer Zeit umfassende Sachverhalte zu verstehen, viele Arbeiten schnell und rationell zu erledigen.

Der Begriff Multitasking kommt aus der Technik und bezeichnet die Fähigkeit eines Betriebssystems, mehrere Aufgaben (Tasks) nebeneinander auszuführen. Dabei werden die verschiedenen Prozesse in so kurzen Abständen immer abwechselnd aktiviert, dass der Eindruck der Gleichzeitigkeit entsteht.

In unserem Gehirn kommen ähnliche Vorgänge zum Tragen. Wir erledigen immer mehr Tätigkeiten zugleich und glauben, dadurch Zeit zu sparen. Unser Gehirn kann aber nur eine Aktion nach der anderen bearbeiten. Gleichzeitig gesetzte Reize brauchen insgesamt länger für die Bearbeitung in unserem Gehirn als zwei getrennte – nur dass mehr Fehler passieren, bei gleichzeitiger Behandlung. Die daraus entstehenden Gefahren dürfen nicht übersehen werden. Telefoniere ich während der Autofahrt – auch mit Freisprechanlage – so schaltet das Auge auf Sparflamme, sprich Tunnelblick, und ich kann dem Telefongespräch folgen. Überholen gelingt noch, den Fußgänger später sehe ich nicht mehr. Die und ähnliche Folgen kennen wir. Das Einzige, das dagegen hilft, ist eine Entschleunigung. Entweder durch totale Askese oder Vereinfachung des Lebens. Weniger Reize in der Umgebung bedeuten intensiveres Genießen. Leichter gesagt als getan. Kleine Schritte in diese Richtung sind einmal ein Zu-

» *Zeit muss man sich nehmen, um sich einen Freiraum für Genuss zu schaffen.* «

» *Es ist besser, Genossenes zu bereuen, als zu bereuen, dass man nicht genossen hat.* «
Giovanni Boccaccio

Morgen, morgen nur nicht heute,
sagen alle faulen Leute.

Erst die Arbeit dann das Spiel,
erst die Reise, dann das Ziel.

sich-Kommen oder Ankommen und dann ein bewusstes Genießen-Lernen. Zur Veranschaulichung hier eine Geschichte aus dem Zen-Buddhismus:

Ein Schüler fragte einmal seinen Meister, warum dieser immer so ruhig und gelassen sein könne. Der Meister antwortete: „Wenn ich sitze, dann sitze ich. Wenn ich stehe, dann stehe ich. Wenn ich gehe, dann gehe ich. Wenn ich esse, dann esse ich."
Der Schüler fiel dem Meister ins Wort und sagte: „Aber das tue ich auch! Was machst Du darüber hinaus?"
Der Meister blieb ganz ruhig und wiederholte wie zuvor: „Wenn ich sitze, dann sitze ich. Wenn ich stehe, dann stehe ich. Wenn ich gehe, dann gehe ich."
Wieder sagte der Schüler: „Aber das tue ich doch auch!"
„Nein", sagte da der Meister. „Wenn du sitzt, dann stehst du schon. Wenn du stehst, dann gehst du schon. Wenn du gehst, dann bist du schon am Ziel."

Ich kenne keine Geschichte, die besser und klarer die Ursachen für unsere tägliche Hektik und unsere Betriebsamkeit beschreibt als diese. Wir selbst sind es, die zu unserem Stress ganz erheblich selbst beitragen, nicht nur am Arbeitsplatz, sondern auch in unserer Freizeit.
Wie oft kommt es vor, dass wir irgendetwas tun, und mit unseren Gedanken schon bei der nächsten Sache sind? – Stichwort Achtsamkeit. Oder dass wir in einer Art Multitasking-Modus Wein trinken, während wir etwas Lesen und dazu womöglich noch Radio hören? So entsteht kein Genuss, sondern Stress, so treiben wir uns selbst von einer Sache zur

nächsten, und das bewusste Leben bleibt dabei auf der Strecke. Um den Wein genießen zu können, muss ich ihm zuerst einmal alle Achtsamkeit zukommen lassen.

Genuss ist individuell

Der individuelle Genuss von Wein ist beispielhaft am leichtesten zu beschreiben. Doch sollte jeder Genießer bedenken, dass ein Glas frisches Wasser nach einer langen Wanderung ein größerer Genuss sein kann als das fünfte Achterl Wein im Buschenschank. Damit wir uns nicht falsch verstehen: Natürlich ist der Genuss von Wein ein echtes Geschmackserlebnis, das alle Sinne anspricht und ist daher mit Wasser-Trinken nicht vergleichbar.

Ich darf mir etwas gönnen und muss nicht warten, bis die Umgebung bemerkt, dass ich etwas Einmaliges geleistet habe, und mich dafür belohnt. Die Frustration beim Ausbleiben der Anerkennung ist dann umso höher. Jeder sollte also lernen, etwas für sich selbst zu tun. Jeder genießt anderes, Genuss ist ganz individuell. Es spielen Kultur, Alter, Gesellschaftsschicht, die entsprechende Umgebung, der Zeitpunkt eine wichtige Rolle. Wichtig ist herauszufinden, was dem Einzelnen wann gut tut. Dazu ist Selbsterkenntnis die unabdingbare Voraussetzung und nicht ein Wunschbild, dem man nacheifert. Der geneigte Leser, die geneigte Leserin, möge sich die zentrale Frage stellen: Worauf freue ich mich, was hat mir Spaß gemacht, bei welcher Gelegenheit vergesse ich Zeit und Raum? Wie werden uns im Kapitel Genussfelder den verschiedenen Genüssen zuwenden. Es sind dort vermutlich viele Genüsse angeführt, die Sie als solche noch gar nicht wahrgenommen haben.

Zu welchem Genusstyp zählen Sie sich?

Grundsätzlich gibt es vier verschiedene Genusstypen:

- *36 % Couchgenießer*
- *27 % Geschmacksgenießer*
- *17 % Erlebnisgenießer*
- *17 % Alltagsgenießer*

Der gesunde Genießer – Genuss ist gesund

Sie legen großen Wert auf einen genussvollen Lebensstil. Genuss macht in Ihren Augen das Leben erst lebenswert und wirkt sich auch positiv auf die körperliche und geistige Verfassung aus. Starke Beschränkungen im Genusserleben lehnen Sie ab. Für Sie gilt: Was in Maßen genossen wird, kann nicht schädlich sein und wirkt sich im Gegenteil auch noch positiv auf das Gefühl der Zufriedenheit aus.

Der riskante Genießer – Genuss heißt ausprobieren

Sie betonen ganz besonders den gesundheitsfördernden Aspekt des Genusses. Genießen sollte Ihrer Meinung nach die Volksgesundheit fördern und daher auch von jedem praktiziert werden. Dabei kann es Ihnen jedoch passieren, dass Sie auch schon einmal zu viel genießen. Genuss heißt für Sie vor allem ausprobieren, Neugier befriedigen, nichts auslassen.

Der Genießer mit dem schlechten Gewissen

Sie haben sehr zwiespältige Gefühle dem Genuss gegenüber. Einerseits wünschen Sie sich einen möglichst uneingeschränkten Zugang zu Genussmöglichkeiten. Sie genießen sehr gerne und sehen dies auch als Bereicherung für Ihre Lebensqualität an. Andererseits ist Genuss für Sie fast schon unweigerlich mit Gewissensbissen verbunden. Es ist Ihnen nicht möglich, potenzielle gesundheitliche Gefahren auszublenden, die mit (unkontrolliertem) Konsum verbunden sein können. Dennoch stehen Sie dem Genuss nicht negativ gegenüber. Genuss mit Maß und Ziel ist Ihre Devise, allerdings nur dann, wenn Sie vorher eine Leistung erbracht haben, die diesen Genuss rechtfertigen kann.

Der Nicht-Genießer

In Ihrem Leben spielt Genuss nur eine untergeordnete Rolle. Genuss empfinden Sie nicht als Bereicherung Ihrer Lebensqualität oder Ihres Wohlbefindens. Auch sehen Sie Genuss nicht als Stimulation für Körper und Seele. Genuss „bringt“ Ihnen nichts. Sie tun sich selbst selten etwas Gutes und schaffen es auch nur schlecht, aus alltäglichen Dingen genussvolle Momente zu machen. Aufpassen, dass Sie nicht ungenießbar für die Umgebung werden!

Genuss bedeutet auch Maßhalten und Verzicht

Ab und zu auf etwas verzichten fördert den Genuss! Der Verzicht auf bestimmte Speisen bedeutet, nur bis zum Eintritt des Sättigungsgefühls zu essen. Verzicht kann aber auch bedeuten, Lebensmittel ausschließlich in ihrer Erntezeit zu essen, also Erdbeeren im Frühsommer und nicht zu Weihnachten konsumieren. Denn nur dann ist die richtige Reifestufe erreicht, und auch alle wesentlichen Wirkstoffe sind in diesem Lebensmittel enthalten. Verzichten könnte aber auch bedeuten, geduldig auf etwas warten, worauf man sich freut. Umgelegt auf das Essen heißt das, den Hunger und die Vorfreude auf ein großes Essen nicht durch einen Snack verderben!

Immer mehr Menschen wollen im Urlaub zur Ruhe kommen und sich auf das Wesentliche besinnen. Urlaub im Kloster kombiniert mit Heilfasten ist ein Angebot, das in diesem Zusammenhang auf wachsendes Interesse stößt. Zum Fasten gehören allerdings auch Bewegung – und viel Schlaf. Der Körper soll schließlich zur Ruhe kommen. Nach sechs Tagen ohne feste Nahrung erscheint dann ein einfacher Apfel als Wunder der Schöpfung und wahrhaft lukullischer Genuss. Man muss dazu aber nicht gleich ins Kloster gehen. Auch zu Hause ist Heilfasten möglich, sobald man sich mit dessen Regeln vertraut gemacht hat. Der Genuss danach ist eine echte Belohnung.

Genuss erfordert Erfahrung

Lernen und Genießen sind die Geheimnisse eines erfüllten Lebens. Lernen ohne Genießen verhärmt, Genießen ohne Lernen verblödet!

Ein Opernfreund genießt eine Vorstellung oder eine besonders wertvolle Plattenaufnahme. Er weiß über die Lebensdaten seines Lieblingskomponisten Bescheid. Er kennt auch jene des Librettisten sowie die Stärken und Schwächen der Interpreten. Dirigent und Bühnenbild werden beurteilt und die Kostüme mit jenen anderer Aufführungen verglichen. Es gibt so viel Wissenswertes über einzelne Werke, und je mehr Sachkenntnis ein Opernfreund mitbringt, umso mehr wird er die entsprechenden Darstellungen genießen. Und auch der Meinungsaustausch mit anderen Opernfreuden gehört zum Genuss.

Echte Weinkenner haben in ihrem Leben viele Erfahrungen gesammelt. Sie können sich gezielt den Wunsch nach einer Geschmacksnuance erfüllen und den Genuss eines festlichen Essens damit abrunden. Sie wissen nicht nur, welcher Wein zu welchen Speisen passt, sondern sie haben auch umfangreiche Kenntnisse über den Wein selbst. Mussten die prähistorischen Zivilisationen noch mühsam jagen und sammeln, um auf die benötigte Anzahl von Kalorien in ihrer Nahrung zu kommen, so läuft man heute eher Gefahr, durch das überbordende Angebot der Nahrungsmittelindustrie im Supermarkt

> „*Wein ist unter den Genussmitteln das beste,*
> *unter den Nahrungsmitteln*
> *das gesündeste und unter den*
> *Medikamenten das angenehmste.*“
>
> Plutarch

oder durch den bequemen Gang ins nächste Schnellrestaurant den Körper zu überfordern.

Die wissenschaftliche Forschung liefert dazu immer neue Erkenntnisse zum Thema Ernährung. Der Streit um die jeweils richtige Ernährung zeigt allerdings, dass selbst unter den Experten wenig Einigkeit darüber herrscht, was nun wirklich gut oder schlecht für uns ist. Ein gutes Glas Wein, zur Mahlzeit genossen, ist sicherlich eine wertvolle Ergänzung. Doch die intensive Beschäftigung mit Ernährung lohnt sich, bietet sie doch die Möglichkeit, so etwas wie eine kulinarische Intelligenz auszubilden. Und diese lässt uns auf ganz neue Weise zu Genießern werden.

Genuss ist alltäglich

Wenn ich endlich Urlaub habe, dann werde ich richtig genießen.

Solche Sätze kommen uns immer wieder über die Lippen. Wir freuen uns auf den Urlaub, auf ein Fest, auf den Abschluss eines Projekts, und dann werden wir genießen! Wir stellen uns die schönsten Situationen vor und freuen uns richtig darauf. Wenn es dann so weit ist, kann die Realität aber nicht mithalten – und wir sind enttäuscht. Dann werden Reisebüros verklagt, Paare trennen sich nach dem Urlaub, und die Erleichterung nach Beendigung eines Projekts ist auch nicht so groß wie erwartet, im Gegenteil: Eine gewisse Leere macht sich breit.

Was ist schief gelaufen? Eines ist klar: Genuss kann man nicht aufsparen. Genuss will genossen werden, wenn der Zeitpunkt gekommen ist, ein Später gibt es hier nicht. Wir sind vor allem dann frustriert, wenn wir gedacht haben, wir hätten uns mit einiger Anstrengung doch Belohnung verdient. Schon allein im Wort „Anstrengung“ liegt der Fehler. Gönnen Sie sich doch jeden Tag einen kleinen Urlaub! Es ist gar nicht so schwer, mit ein bisschen Übung findet jeder seine kleinen Freuden des Alltags – und die sind sogar preisgünstig zu haben. Eine kurze Pause im Hier und Jetzt, und erst dann die neuen Herausforderungen angehen.

Der gesundheitliche Wert des Weingenusses

Wenn ein Genussmittel wie der Wein auch noch einen hohen gesundheitlichen Wert hat, so kann dem Genießer eigentlich nichts Besseres wiederfahren. Erstens ist Weingenuss in angenehmer Atmosphäre und unter Berücksichtigung der Genussregeln sehr gesund, und zweitens ist der Wein selbst ein wahrer Gesundheitsbrunnen. Im Folgenden eine kurze Beschreibung über die Aufnahme des Weins im Körper:

Der Alkohol wird über den Magen, die Magen- und Darmschleimhäute, aber auch über die Mundschleimhaut rasch aufgenommen. Wie schnell das geht, hängt vom Alkoholgehalt des Getränkes, der Schluckfrequenz und vom Mageninhalt ab. Nach etwa 90 Sekunden ist er im Blut bei leerem Magen nachweisbar, nach einer Dreiviertel Stunde vollständig im Blutkreislauf. Isst man jedoch etwas Fettes, so kann man die Aufnahme des Alkohols ins Blut sehr gut verzögern, wohingegen Kohlensäure die Alkoholresorption beschleunigt. Die Wirkung eines Glaserls Sekt zum Sektfrühstück ist wohl schon jedem bekannt.

> „*Wer nicht liebt Wein, Weib und Gesang,*
> *der bleibt ein Narr sein Leben lang.*“
> Martin Luther zugeschrieben

Positive Wirkung von Wein:

- Regt Verdauung und Atmung an.
- Fördert die Durchblutung.
- Wirkt antibakteriell und anregend.
- Hat eine Antistresswirkung und wirkt als Antidepressivum.
- Ist schlaffördernd und erhöht die Lebensqualität.

Negative Wirkung von Wein:

- Nervenschäden
- Leberentzündung
- Fettleber
- Gehirnschäden
- enthemmende Wirkung (Kontrollverlust)
- Aggressionsfördernd
- Sucht (persönlichkeisverändernd)
- in Folge desozialisierend

Inhaltsstoffe des Weins

Der Abbau des Äthylalkohols erfolgt hauptsächlich über die Leber. Eine gesunde Leber kann bis zu 10 g Alkohol in der Stunde abbauen, das bedeutet, dass die Alkoholkonzentration im Blut etwa 0,13 bis 0,15 Promille stündlich abnimmt. Etwas Alkohol wird durch den Urin ausgeschieden, durch die ausgeatmete Luft, durch Schweiß und theoretisch wird er auch durch Speichel ausgeschieden.

Da der Wein aus Früchten gewonnen wird, sind auch Vitamine und Mineralstoffe aus der Frucht noch im Wein enthalten, hauptsächlich sind die Vitamine des B-Komplexes enthalten. Die Mineralstoffe und Spurenelemente sind stark von den Standortbedingungen abhängig. Kalium, Natrium, Kalzium, Magnesium sind die wichtigsten Mineralstoffe im Wein.

Auch Glyzerin – entsteht bei der Gärung als Nebenprodukt – ist im Wein enthalten. Glycerin ist der einfachste dreiwertige Alkohol (Triol). Der Name Glycerol wurde eingeführt, da er die korrekte Endung -ol für einen Alkohol besitzt (die Endung -in steht für Alkine oder Amine, weshalb Glyzerin der Trivialname für diese Substanz ist). Es macht ihn gehaltvoller, vollmundiger und rundet den Geschmack ab. Leider wurde bis Mitte der 1980er Jahre oftmals Glycerin (ein dreiwertiger Alkohol) und auch Glykol (ein zweiwertiger Alkohol) dem Wein beigesetzt. Nach Aufdeckung dieses Weinpanscher-Skandals wurde die gesetzliche Grundlage für die Weinerzeugung in Österreich verschärft – die Basis für die heutige Qualitätsweinproduktion und damit auch die Wettbewerbsfähigkeit Österreichs wurde damit eingeläutet.

Durch Mikroorganismen im Wein entstehen auch biogene Amine, unter ihnen spielt das Histamin eine Rolle. Bei überempfindlichen Personen kann es Allergien und Kopfschmerzen verursachen. Die Konzentration von Histamin ist umso höher, je älter der Wein ist. In Jungweinen, wie dem Junker, der freilich auch jung getrunken werden will, kommt es praktisch gar nicht vor.

Auch Säuren findet man im Wein: Weinsäure, Apfelsäure und auch Milchsäure. In den herkömmlichen Weißweinen liegt der Säuregehalt (meist äquivalent mit der Weinsäure) meist zwischen 5 und 10 g/l. Der Schilcher bewegt sich eher im oberen Bereich. Er wirkt etwas frischer, was aber nicht seine Bekömmlichkeit beeinträchtigt.

Je nach Zuckergehalt der Trauben bleibt nach der Gärung noch etwas Restzucker übrig, der nicht vergoren werden kann, da die Hefen meist bei 14 % vol. Alkohol absterben. Schilcher ist meist sehr trocken, da der Alkoholgehalt im Allgemeinen bei 11,5 bis 12,5 % vol. Alkohol liegt.

Aus den Hülsen und Kernen, eventuell auch aus den Stielen, die bei der Rotweinbereitung mitvergoren werden, entstehen die Gerbstoffe. Sie sind von Sorte zu Sorte sehr unterschiedlich, ebenso wie die Geschmäcker unterschiedlich empfindlich darauf reagieren. Gerbstoffe, Tannine, werden als adstringierend bezeichnet, das heißt, dass sich der Mund etwas rau und pelzig anfühlt. Tannine sind in den Rotweinen jene Komponenten, die eine lange gute Lagerung versprechen, beziehungsweise ermöglichen. Tannine können gegen leichten Durchfall helfen. Die Wirkung des Weins ist freilich von der genossenen Menge abhängig.

Auch in der Antike wusste man bereits um die ambivalente Wirkung des Weins Bescheid. So schrieb der griechische Dichter Eubulos 375 v. Chr.:

Drei Schalen mische ich für die Mäßigen:

- *Eine für die Gesundheit, sie wird zuerst geleert,*
- *die Zweite ist für die Liebe und die Freude,*
- *die Dritte für den Schlaf. Ist diese Schale ausgetrunken, dann gehen weise Gäste heim.*
- *Die vierte Schale ist nicht mehr für uns, sondern für die Hitzigkeit,*
- *die Fünfte für Ungestüm,*
- *die Sechste für trunkenes Lärmen,*
- *die Siebente für ein blaues Auge,*
- *die Achte für die Polizei,*
- *die Neunte für üble Galle und*
- *die Zehnte für Toben und Zerschlagen der Möbel.*

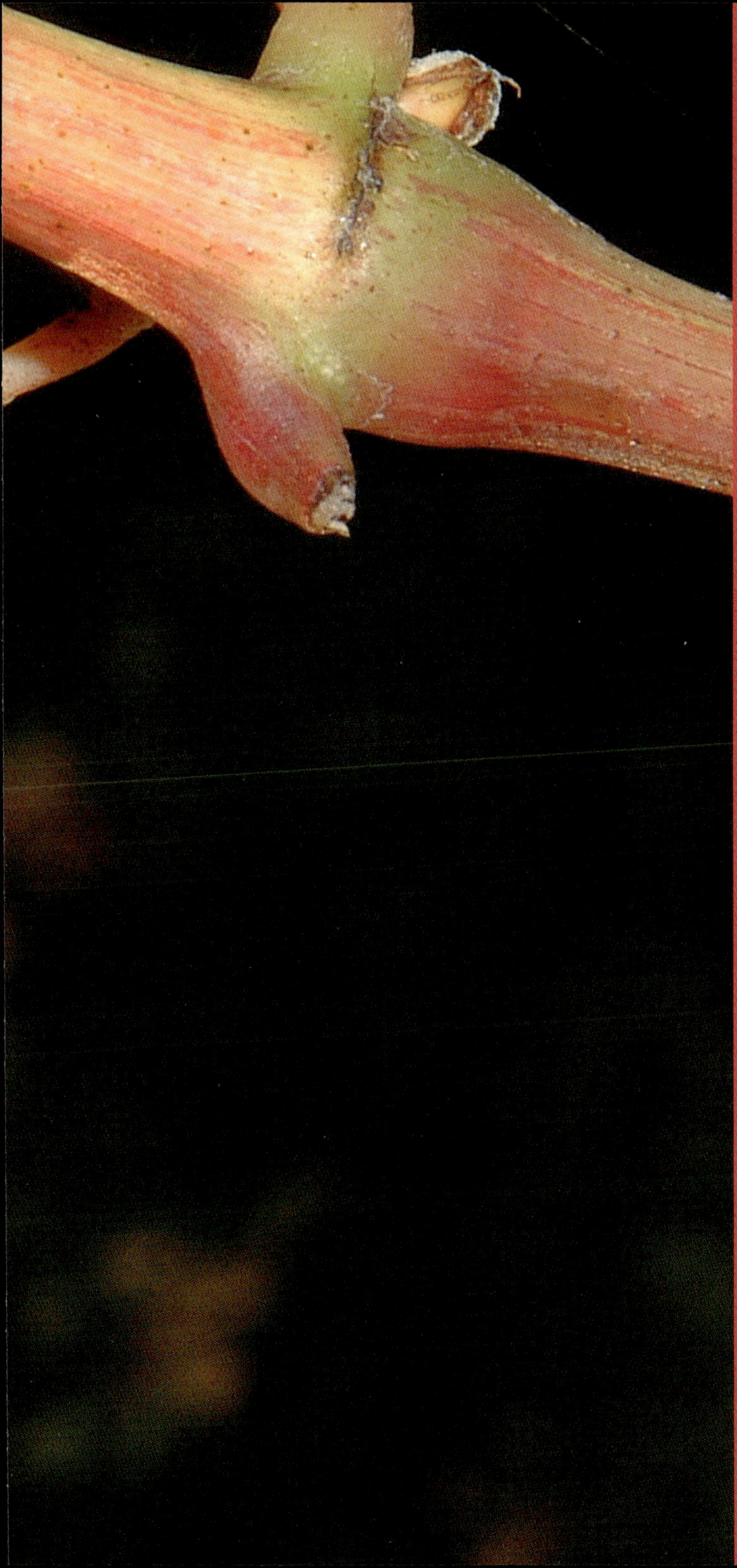

Verkosten mit allen Sinnen

Sensorik

Die Sensorik ist nichts anderes als das Zusammenspiel aller Sinne. Wer aus dem Genuss ein echtes Erlebnis machen will, sollte all seine Sinne bewusst aktivieren – das allerdings ist Trainingssache. Hier ein paar Tipps:
Damit ein Verkoster seine Sinne für eine Verkostung einsetzen kann, gibt es einige Voraussetzungen:

- *klarer Kopf, ausgeruhter Zustand*
- *neutraler Gaumen – keine intensiven Speisen und Getränke vorher essen oder trinken*
- *richtige Zeit – keine Hektik – genau genommen ist der Vormittag die beste Zeit fürs Verkosten*
- *ideales Umfeld – frei von Fremdgerüchen – nicht rauchen und auf Deos oder Parfums verzichten*
- *optimales Kost-Glas – keine farbigen Gläser*
- *die richtige Temperatur, damit sich Aroma und Geschmack optimal entfalten können*
- *Reihenfolge beachten*
- *zwischendurch nur stilles Wasser trinken und eventuell Weißbrot essen*
- *gutes Licht, weiße Tischtücher oder wenigstens weiße Servietten*

Riechen

Der Geruchssinn ist ein wesentlich komplexerer Sinn. Das Gehirn entscheidet, welche Gerüche wir uns merken. Dabei spielen die individuelle Gefühlswelt und das Erinnerungsvermögen die größte Rolle.
Mit der eingeatmeten Luft, werden flüchtige Geruchspartikel aufgenommen und zur Geruchsschleimhaut weitergeleitet. Entweder direkt durch die Nase oder beim Kauen und Schlucken retronasal im Rachenraum (l'arôme en bouche – Mund-Aroma). Dabei docken die Geruchsstoffe in der Nasenhöhle an den Rezeptoren an – den Flimmerhärchen am Riechkolben. Danach erfolgt die Information direkt in das Stammhirn und kann vieles beeinflussen. Motivation, Stimmung, Erinnerung, Kreativität, Erregung, Sympathie oder Abneigung, auch Herztätigkeit, Atmung und Verdauung können beeinflusst werden. Jeder hat schon einmal erlebt, dass ein guter Geruch die Laune schlagartig verändern kann. Das liegt daran, dass Gerüche vom Hirn direkt aufgenommen und nicht vorher gefiltert werden.
Durch die Verbindung der zahlreichen Rezeptoren mit verschiedenen Geruchsstoffen ergeben sich unzählige Möglichkeiten. Bis zu 10.000 verschiedene Gerüche kann der Mensch unterscheiden. Es handelt sich dabei aber meist nicht nur um eine einzige Geruchsverbindung, sondern um eine Kombination vieler Gerüche, die wir mit einem Lebensmittel in Verbindung bringen. Erstaunlich genug ist die folgende beispielgebende Aufzählung von Duftkombinationen, die erst den eigentlich von uns wahrgenommenen Geruch ausmachen:

- Rindfleisch ohne Gewürze gebraten besteht aus 340 Verbindungen,
- Kakao aus 557 Verbindungen,
- Bier aus 624 Verbindungen und
- Wein aus etwa 800 Verbindungen.

Da derart zahlreiche Verbindungen ein Aroma ausmachen, wird es schnell verständlich, warum es derart große Geschmacksunterschiede bei ein und demselben Produkt geben kann. Lage, Bodenbeschaffenheit, Sorte, einfach die gesamte Umwelt prägen alle Lebens- und Genussmittel.

Beim Riechen gelangen nur etwa fünf Prozent der Luft mit der entfalteten Geruchssubstanz auf die Riechschleimhaut. Durch Schnüffeln streicht die eingeatmete Luft öfter am Riechkolben vorbei, was zu einer Vervierfachung der eingeatmeten Luft führt und das Erkennen leichter macht. Weinverkoster unterscheiden primäre, sekundäre und tertiäre Aromen. Die primären Aromen sind jene, die von der Frucht her erkennbar sein sollten. Die sekundären Aromen entstehen in Verbindung mit der Gärung. Tertiäre Aromen entwickeln sich erst durch eine längere Lagerung des Weins.

Die Flüchtigkeit von Aromastoffen ist temperaturabhängig. Daher schmeckt uns eine heiße Hühnersuppe besser als eine lauwarme. Die richtige Temperatur der Weine ist entscheidend für den Geschmack, auf keinen Fall sollten sie zu kalt getrunken werden. Denn damit werden Fehler nur versteckt, die Entfaltung der Aromen fördert man dadurch nicht!

Wir riechen aber nicht nur mit der Nase, sondern auch über

Hören

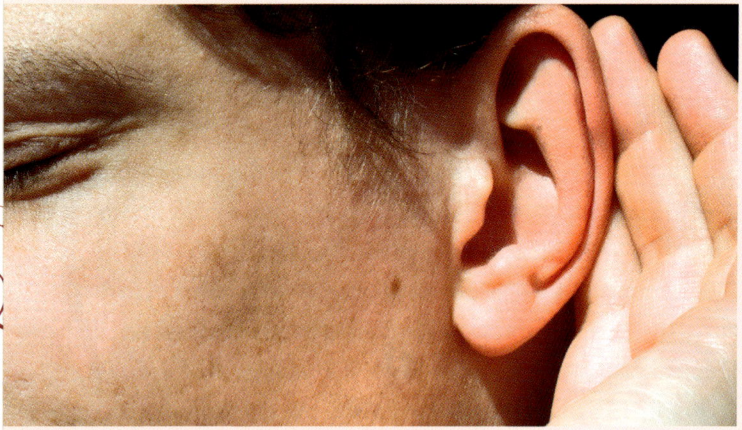

Der erste Sinn, der im Menschenleben eine Rolle spielt, ist das Gehör. Bereits im Mutterleib reagieren Babys auf Musik, auf vorgelesene Gedichte, aber auch auf die Stimme der Mutter. Später können wir mehr oder weniger aktiv unsere Geräuschumgebung selbst gestalten. Der Einfluss der Musik auf unser Gefühlsleben sollte nicht unterschätzt werden. Lautstärke, Tonhöhe, Melodie und Tempo können sich unterschiedlich auswirken.

Wahrgenommen werden Schall, Geräusche, Töne und Klänge. Wichtig sind auch Entfernungshören und Richtungshören. Beim Verkosten spielt das Hören nur eine kleine Rolle. Wir hören höchstens die Gläser klingen und den Korken knallen und freuen uns schon auf den kommenden Genuss. Aber auch die Kommunikation gehört hierher, denn was wäre eine Verkostung ohne Fachgespräche und Kommentare, sie könnten ohne Gehör nicht geführt werden.

In der Lebensmittelsensorik spielt das Hören nur beim Hineinbeißen in einen Apfel, ein Radieschen oder in Chips eine Rolle. So können wir die Qualität, die Frische feststellen. Beim Klopfen auf das Brot erkennen wir den Garzustand.

» *Fünf Sinne sind beim Weine dicht:*
Geruch, Geschmack, Gefühl, Gesicht.
Doch auch ans Hören denke man,
drum stoßt mit mir die Gläser an. «

Schmecken

Der Sinneseindruck, der gemeinhin als „Geschmack" bezeichnet wird, ist ein Zusammenspiel des Geschmacks- und Geruchssinns gemeinsam mit Tast- und Temperaturinformationen aus der Mundhöhle. In erster Linie geht die gustatorische Wahrnehmung allerdings von der Zunge aus.

Neben den Geschmacksqualitäten süß, sauer, bitter und salzig gibt es noch eine, die mit „umami" bezeichnet wird. Der japanische Forscher Kikunae Ikeda (1864–1936) beschrieb bereits 1908 den Geschmack mit fleischig, herzhaft und wohlschmeckend. Der Träger des Umami-Geschmacks ist die zu den Aminosäuren zählende Glutaminsäure, die besonders reichlich in vollreifen Tomaten, Fleisch, Sojasauce, Käse sowie in der menschlichen Muttermilch vorhanden ist. Sie wird in der Lebensmittelindustrie als Geschmacksverstärker verwendet. Übrigens ist der Shiitakepilz ein typischer Träger dieses Geschmacks.

Die Zunge trägt verschiedene Papillen: Wall-, Blatt- und Pilzpapillen. In ihnen befinden sich die Geschmacksknospen. Sie sind grüppchenweise auf der Zunge angeordnet. Ein neugeborenes Baby hat ungefähr 10.000 Papillen. In der jungen Kindheit lernt es, die Geschmäcker zuzuordnen. Im Alter von fünf bis sechs Jahren entwickelt die menschliche Zunge die höchste Zahl an Papillen, da das Kind bis dahin alles probiert, was ihm in den Mund kommt. Später werden diese Fähigkeiten in der Regel wieder abgebaut. Ein Erwachsener hat ungefähr 2000, bis ins Alter baut man auf 600 bis 700 Geschmackspapillen ab.

Schmecken im weitesten Sinn kann man auch Eigenschaften wie brennend, scharf, adstringierend, prickelnd, beißend, stechend, kühlend, metallisch. Sie spielen sich im Mund und auch in der Nase ab und gehören zu den trigominalen Reizen – eine Art Tastempfindung, die über einen Gesichtsnerv (Nervus Trigeminus) übertragen wird.

Die Bewertung dieser Geschmacksempfindungen ist eher ambivalent. So können sie bei Kren, Chili, Menthol, Kohlensäure oder Zwiebel positiv bewertet werden, während zu den negativen Beispielen Ammoniak und Rauch zu zählen sind. Natürlich kommt es bei häufiger Reizung zu einem Gewöhnungseffekt. Wer immer sehr scharf isst, braucht mit der Zeit immer mehr Schärfe, um die Speisen tatsächlich scharf zu empfinden.

Sehen

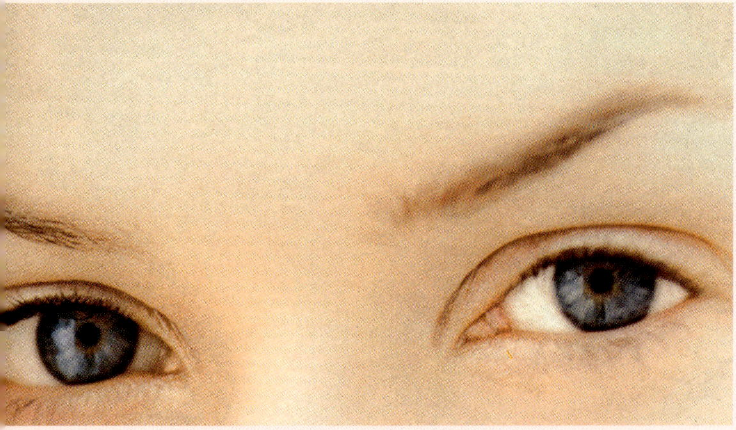

Sehen ist die Wahrnehmung von visuellen Reizen wie Helligkeit, Farbe, Kontrast, Linien, Formen und Gestalt, Bewegung und Räumen.

Bei Tageslicht sind wir von einer Farbenvielfalt umgeben, die unser Wohlbefinden steuert und unsere Stimmung beeinflussen kann. Grob kann man aufmunternde Farben (Gelb bis Rot) und ausgleichende (Blau, Grün, Violett, Braun und Beige) unterscheiden.

Die Farben der Lebensmittel haben einen hohen Stellenwert. Sie sagen sehr viel über das Produkt, die Frische und den Geschmack aus. Darum werden industriell hergestellte Lebensmittel auch gefärbt. Eine falsche Farbe im Orangensaft, und der Orangensaft wird nicht mehr als solcher erkannt. Die Farbe fungiert im Gehirn sogar als Geschmacksverstärker. Ein natürliches Erdbeerjoghurt wird als weniger geschmackvoll empfunden als ein eingefärbtes.

Für das Verkosten ist das Auge sehr wichtig. Wir können viel über den Wein und dessen Qualität vorausahnen. Farbton und Intensität der Farbe verraten uns, wie alt der Wein ist. Trübungen deuten auf unerwünschte Inhaltsstoffe hin. Schwenkt man das Glas, so können dick- oder dünnflüssige Schlieren entstehen. Dies weist auf die Dichte des Weins hin. Voraussetzung dafür ist allerdings, dass man eine rein weiße Unterlage oder wenigstens eine weiße Serviette hat. Die Gläser sollten eine optimale Form haben und nicht getönt sein. Und so romantisch Kerzenlicht auch sein mag, für das Bewerten von Wein ist es nicht ausreichend.

Tasten

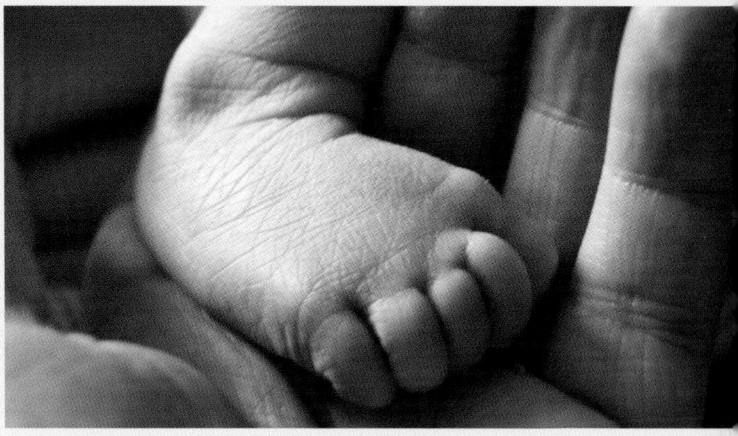

Der Tastsinn – eigentlich unser größtes Sinnesorgan – dient der Wahrnehmung körperlicher Gefühle wie Berührung, Härte oder Temperatur. Die menschlichen Tastwerkzeuge sind Hände, Füße, Mund, Zunge und Lippen.

Bei der Bewertung von Lebensmitteln spielt das Mouth-Feeling eine große Rolle. Es fasst alle Eindrücke vom ersten Kontakt mit den Lippen, über das Zerkauen bis zum Schlucken und den Nachgeschmack zusammen. Wie fühlt es sich im Mund an? Wie angenehm schmilzt die Schokolade im Mund? Die Qualität des Fleisches lässt sich beim Kauen beurteilen: Ist es zäh, fest, trocken, elastisch oder zart? Ist der Sterz (Polenta) weich oder körnig, ist der Kaugummi klebrig und zäh, sind die Gummibärchen elastisch und bissfest, ist die Rinde rau, fest oder trocken? All das können wir mit dem Mund ertasten. Freilich hat auch hier wieder die Nahrungsmittelindustrie nachgeholfen und zum Erreichen des perfekten Mouth-Feelings werden Zusatzstoffe wie Verdickungsmittel, Quellmittel oder Emulgatoren zugesetzt.

Ein spannendes Genusserlebnis ist die Kombination von kontrastreichen Lebensmitteln. Als Kontrast bezeichnet man Eigenschaften wie schmelzend, kross und nachhaltig. Schmelzend sind Gelees, Joghurt, Schlagobers oder Speiseeis. Kross sind rohes Obst und Gemüse, geröstetes Brot, frittierte Kräuter, Strudelblätter oder geröstete Speckstreifen. Als nachhaltig gelten Lebensmittel, die einen langen Nachklang im Rachen hinterlassen. Das empfinden wir bei Nüssen, Karamell, Wurst, Fleisch, Meeresfrüchten und kräftigen Weinen.

Ein Schilcher passt immer

Die Kombinationsmöglichkeiten der einzelnen Schilcher-Spielarten sind vielfältig, und auch der Geschmack der Genießer ist oft unterschiedlich, deshalb möchten wir die folgenden Kombinationsmöglichkeiten nur als Anregung sehen. Versuchen Sie die angebotenen Varianten und probieren Sie Neues. Sie werden sehen: Ein Schilcher passt immer!

Schilcher-Sekt

Sekt hat die Eigenschaft süßer zu sein als Wein. Er wird mit einem Zuckergehalt von bis zu 32 g pro Liter noch immer als „trocken“ bezeichnet, halbtrocken ist Sekt oder Frizzante bis 50 g Zucker pro Liter. Im Unterschied zum Wein wird entweder durch Flaschengärung Kohlensäure erzeugt oder beim Abfüllen zugesetzt.

Ein Schilcher-Sekt oder Schilcher-Frizzante ist der ideale Aperitif, der sich auch in der Gastronomie enorm durchgesetzt hat. Er ist ein optimales Getränk zum Come-together, hebt durch die Kohlensäure schnell die Stimmung und das Fest kann beginnen.

Tipp: Das Rosé des Schilcher-Sekts passt wunderbar zu selbst hergestelltem Rosenblütensirup.

Schilcher gleichgepresst

Der gleichgepresste Schilcher, wie Weißwein ausgebaut, wird auch wie frischer junger Weißwein getrunken. Auch er passt vorzüglich als Aperitif und auch schon zu kleinen Vorspeisen, zum Gruß aus der Küche oder einer kalten Vorspeise wie Salat, geräuchertem Fisch, Hühnchensalat, Spargel mit Schilcher-Hollandaise oder Ähnlichem.

Schilcher-Wurzel-Rostbraten

300 g Karotten, Sellerie und Lauch
2 kleine Scharlotten
1 EL Butter
2 EL Schilcher
2 EL Sahne
250 ml Kalbs-Jus
2 EL gehackte Gartenkräuter
Salz & Pfeffer
1 kg steirisches Rindfleisch

Zubereitung: Wurzelgemüse in feine Streifen schneiden, in Butter schwenken, mit Schilcher ablöschen, einreduzieren, mit Sahne aufgießen sowie Kalbs-Jus dazugeben – mit Salz und Pfeffer würzen und mit frischen gehackten Gartenkräutern verfeinern.

Rindfleisch in Scheiben schneiden, plattieren, würzen und in Öl beidseitig scharf anbraten. Anschließend das Fleisch im Wurzelgemüse leicht dünsten, bis es gar ist. Als Beilage eignen sich Spätzle, Serviettenknödel oder Kartoffeln.

Schilcher Hollandaise

2 Dotter
2 EL Schilcher
200 g Butter
Senf
Worcestersauce
Salz & Pfeffer

Zubereitung: 2 Dotter mit Salz und Pfeffer und 2 EL Schilcher über Dampf schaumig schlagen. 200 g Butter zerlassen und tropfenweise einrühren, 2 EL Schilcher dazugeben. Mit Senf und Worcestersauce abschmecken. Die Schilcher Hollandaise passt hervorragend zu Spargel und anderem gekochten Gemüse sowie zu Steaks.

Rosensirup

500 g Zucker
1 Prise Zitronensäure
1 Hand voll duftender Rosenblütenblätter
1 Hand voll dunkelroter Rosenblüten
500 ml Wasser

Zubereitung: 500 g Zucker mit 500 ml Wasser aufkochen, eine Prise Zitronensäure oder -saft dazugeben und abkühlen lassen. Eine Hand voll duftender Rosenblütenblätter und eine Hand voll dunkelroter Rosenblüten einrühren und etwa für 14 Tage dunkel stehen lassen. Danach abseihen und einen Schuss zum Schilcher-Sekt geben. Die beiden Geschmacksrichtungen ergänzen einander perfekt.

Schilcher klassisch

Schilcher klassisch, eben als Roséwein getrunken, ist der Wein, der im ursprünglichen Sinn mit dieser Bezeichnung versehen wurde. Er ist einer der besten Sommerweine. Eine wunderbare Kombination zum Schilcher klassisch ist die Brettljause. Ein solches Mahl in der Laube eines Buschenschanks genossen, vielleicht nach einer kleineren oder größeren Wanderung, ist der wohlverdiente Genuss nach einem heißen Tag: Der Schilcher klassisch ist fruchtig, die Jause deftig – einfach perfekt!

Schilcher Lage

Eine eigenständigere, elegantere Variante sind die Lagen-Schilcher. Sie werden voller, milder und mit komplexer Aromatik ausgebaut. Diese Weine passen dann nicht mehr ganz so gut zur Sommerhitze, sondern sie werden das ganze Jahr über getrunken. Lagen-Schilcher sind Weine, denen man besondere Aufmerksamkeit schenken und sich vom Schilcher-Bauern am besten selbst erklären lassen sollte. Man kann sie natürlich durchaus zum Essen genießen, aber in einer Weinbeißer-Runde mit interessanten Gesprächen schmecken diese Weine am besten serviert mit Knabbergebäck.

Schilcher lieblich oder leicht restsüß

Diese Schilcher kann man vorzüglich zur mediterranen Küche kombinieren. Ein Rezept von Schauspieler und Schilcher-Liebhaber August Schmölzer möchten wir Ihnen nicht vorenthalten: Spaghetti mit Schwammerlsauße.

Spaghetti mit Schwammerlsauce

Olivenöl
2 Knoblaubzehen
2 Chilis
2 Hand voll Steinpilze
Schuss Schilcher
Spaghetti
Salz & Rosmarin

Zubereitung: In einer Pfanne Olivenöl heiß werden lassen. 2 blättrig geschnittene Knoblauchzehen dazu, 2 ganze Chilis hinein und kurz anschwitzen lassen. 2 Hand voll Steinpilze, gebürstet, gewaschen und grob gewürfelt dazugeben (können auch eingefroren sein), mit einem Schuss Schilcher aufgießen, Hitze zurückdrehen, abdecken und leicht köcheln lasen. Inzwischen die Spaghetti bissfest kochen und auf dem Teller mit Parmesan anrichten. Die Pilze nun mit Salz und Rosmarin würzen, nochmals etwas dünsten lassen und dann mit den Nudeln anrichten.

B'soffene Schilcher-Kathl mit Glühwein
(eine altsteirische Süßspeise)

3 Eier
3 EL Staubzucker
3–4 EL gemahlene Nüsse (oder Semmelbrösel)
1/2 l Schilcher (oder Traubensaft)
1/8 l Wasser
Zimt, Nelkenpulver, Vanillezucker, Orangenschale

Zubereitung: Man rührt 3 Eidotter mit 3 EL Staubzucker flaumig und mischt 3–4 EL gemahlene Nüsse oder Semmelbrösel ein, die man mit etwas Weststeirischem Schilcher befeuchtet hat. Zum Schluss hebt man den Schnee der 3 Klar locker ein und bäckt den Kuchen in einem Tortenreif bei Mittelhitze. Dann stürzt man ihn und lässt ihn überkühlen. In der Zwischenzeit bereitet man den Glühwein: Man kocht 1/4 l Weststeirischen Schilcher mit 1/8 l Wasser auf, zuckert nach Geschmack, würzt mit Zimt, Nelkenpulver, Vanillezucker und Orangenschale und seiht diesen Glühwein vorsichtig über den Kuchen, der sich langsam „volltrinkt". Dieses außerordentlich saftige Dessert kann man auch alkoholfrei für Kinder und Antialkoholiker zubereiten: Man bereitet den Glühwein wie oben jedoch mit gewürztem Schilcher-Traubensaft.

Gebackene Maishendlstreifen in Sesampanade

4 Maishendlbrüstchen
100 g gecrashte Cornflakes
100 g Mehl
2 Eier
2 EL Sesam
Schilcherbalsamico
Schilchertraubenkernöl
Öl oder Schmalz
Salz & Pfeffer

Zubereitung: Maishendlstreifen eine Stunde in der aus Salz, Pfeffer, Schilcherbalsamico und Schilchertraubenkernöl bereiteten Marinade ziehen lassen, dann abtropfen. Mehl, Eier und Cornflakes vermischen und die Hendlstreifen darin panieren. In heißem Öl oder Schmalz backen. Heiß aus der Pfanne zu Salat servieren!

Blauer Wildbacher

Der blaue Wildbacher ist die Rotwein-Variante des Schilchers. Die Genusskombinationen zum Blauen Wildbacher sind dieselben wie die Rotweinkombinationen – zu Wild, Lamm und Rindfleisch. Ein weiterer Vorteil dieses Weins ist, dass er auch gut zur Kachelofenstimmung im Winter passt.

Besonders hervorzuheben sind die Wildbretwochen im Herbst. Sie beginnen im Schilcherland meist im September und dauern bis in den Dezember hinein. Hier bildet das Damwild die Grundlage für herrliche Gerichte, die zur Jahreszeit passen. Ein Rezept von Karl Christian Kollmann, Schilcher-Wurzel-Rostbraten, sei hier besonders empfohlen.

Schilchersturm

Kastanien frisch gebraten und der Sturm frisch aus dem Gärfass – das ist Herbst! Schilchergassenfeste, Pressfeste und die Erntedankfeiern sind „offizielle“ Anlässe, bei denen Schilchersturm getrunken wird. Aber auch nahezu an jeder Straßenecke findet man einen Kastanienbrater, der am Wochenende seine Feuerstelle einheizt und den Vorbeifahrenden die steirische Köstlichkeit anbietet.

Schilcherglühwein und -punsch

Was wäre ein Weihnachtsmarkt ohne Glühwein? Es wäre schlicht kein Weihnachtsmarkt. Und der beste Glühwein auf allen Adventmärkten ist – wirklich objektiv – der Schilcherglühwein. Er ist warm bis heiß, duftet nach Gewürzen, schmeckt süß, und durch die wohldosierte Säure ist sein Geschmack trotzdem harmonisch! Mit einem Brezel oder etwas Süßem genossen – einfach Spitze!

Schilchermischung

Ein altbewährtes und geniales Erfrischungsgetränk ist die Schilchermischung. Der spritzige, fruchtige Schilcher, gemeinsam mit einem prickelnden Mineralwasser getrunken kann durch keinen anderen Durstlöscher ersetzt werden. Ideal beim gemütlichen Zusammensitzen in der Laube im Sommer oder bei den Schilchertagen in Stainz.

Schilchergrappa

Der „Schilcher-Tresterbrand" wird aus den Pressrückständen bei der Schilcherbereitung gewonnen. Da noch sehr viele Inhaltsstoffe in den Kernen und vor allem in der Haut enthalten sind, ist der Edelbrand sehr würzig.
Dieser Digestif passt zu oder nach kräftigem Geselchten. Am besten bei einem ansässigen Edelbrenner verkosten, dann nach Hause mitnehmen, damit man kein Andenken an die Polizei mit heim nimmt.

Schilchergelee

Marmeladen und Eingekochtes waren früher einmal die einzige „Süßquelle" für kleine und große Kinder. Das Ausgangsprodukt dafür sind Obst und auch Trauben. Schilchergelee macht man entweder, indem man die Trauben entsaftet und mit Gelierzucker einkocht oder indem man einen Schilcher – sollte tatsächlich einmal ein Rest übrig bleiben – mit Gelierzucker einkocht. Verfeinern kann man das Gelee dann noch mit Rosenblättern oder mit Kren beispielsweise für Ostern. So ein Gelee passt dann vorzüglich zu einer Jause, zur Käseplatte mit steirischen Käsen oder auch einfach aufs Butterbrot.

Traubenkernöl

Packung für die reifere Haut

2 EL Traubenkernöl
4 EL Naturjoghurt
evtl. 1–2 EL Presskuchen

Zubereitung: Traubenkernöl mit dem Naturjoghurt verrühren. Maske auf Gesicht und Hals auftragen. ¼ Stunde einwirken lassen und mit lauwarmem Wasser abwaschen. Geben Sie 1–2 TL Presskuchen dazu, so ergibt dies ein Peeling für die Haut.

Schilchertraubenkernöl

Traubenkerne sind ein wertvoller Rest bei der Schilcherherstellung. Nach der Trocknung kann aus Schilchertraubenkernen durch sorgfältige Pressung mit einer Schneckenpresse sehr hochwertiges Traubenkernöl gewonnen werden. Das Öl hat eine naturgegebene grüngoldene Farbe, schmeckt und riecht gut nach Trauben und Nüssen. Traubenkernöl hat von allen Pflanzenölen den höchsten Gehalt an mehrfach ungesättigten Fettsäuren, was es für Diäten und als Nahrungsmittel bei zu hohen Cholesterinwerten geeignet macht. Es schmeckt besonders gut als Salatöl und lässt sich sehr hoch erhitzen (ca. 200 °C), was zum Beispiel beim Anbraten von Fisch einen besonders intensiven Geschmack hervorruft. Brot- und Germteig werden bekömmlicher, wenn man einen Esslöffel Traubenkernöl dazugibt.

Schilchertraubenkernöl-Kosmetik

Auch als Kosmetika wird das Traubenkernöl wegen seiner pflegenden Eigenschaften häufig verwendet. Für die Naturkosmetik werden Traubenkernöl, granulierter Traubenkernöl-Presskuchen, Taubenkonzentrat, Schilcher, verschiedene Kräuter und ätherische Öle verwendet. Schon in früheren Jahrhunderten wurde Traubenkernöl als hochedles und wirksames Mittel in der Kosmetik verwendet, um die Schönheit der Haut zu verbessern. Sogar Cleopatra verwendete für ihre Körpersalben ein Gemisch von Traubenkernöl, Mandelöl, Wein und Honig, nach dem wohltuenden Bad in warmer Eselsmilch.

Schilcher-Pralinen, Schilcher-Trüffel oder Schilcher-Schokolade

Für Naschkatzen gibt es entsprechende Kreationen auf dem Schokoladesektor. Einfach stöbern und die Schilcherkreationen wirklich mit allen Sinnen langsam genießen!

Schilcherbowle

Es gibt viele Varianten einer Bowle und natürlich auch einer Schilcherbowle. Am besten passt sie im Sommer zu einem Grillenfest mit Freunden, Nachbarn oder Verwandten.

Genusskombinationen

Den Schilcher genießt man am besten abends mit Freunden. Dazu isst man schwach Gesüßtes wie Kürbiskernzwieback oder Käsestangen und ähnliche selbstgebackene Naschereien. Klassisch wird beispielsweise der Schilchersturm mit Kastanien genossen – frisch gebraten aus dem Ofen. Die Jause im Buschenschank schreit förmlich nach Schilcher und zum Abschluss wird ein Schilcher-Tresterbrand genossen. Der Schilcher als Rotwein – der Blaue Wildbacher – ist schon wesentlich vielseitiger einsetzbar. Ihn präsentiert man am besten zu Wildgerichten oder Rindsbraten und Ähnlichem. Der Schilcher gleichgepresst wird zu kalten Vorspeisen wie Räucherfisch serviert. Auch ein duftiger, nicht zu kräftiger Schilcher-Rosé eignet sich zu Vorspeisen wie einem Salat. Als Aperitif sollte man unbedingt einen Schilchersekt wählen. Seine spritzige Lebendigkeit öffnet den Genießern die Herzen, und der Tag kann nur mehr gut gelingen.

Schilcherbowle

für 4–6 Personen

300–400 g Himbeeren
100–200 g Zucker (oder zarter Honig)
etwa 10 Blätter Zitronenmelisse
2 Flaschen Schilcher
1 Flasche Schilchersekt

Zubereitung: Zucker mit wenig Wasser aufkochen und abkühlen lassen. Die Himbeeren mit Schilcher und zwei Drittel des Zuckers vorsichtig anrühren und mit den Melissenblättern in den Kühlschrank stellen. Nach etwa 2 Stunden aufrühren, mit Zucker abschmecken und mit Schilchersekt aufgießen – fertig!

Weststeirische Glaskultur

Nicht nur der einzigartige Schilcher ist eine Besonderheit der Weststeiermark, auch die Glaskultur fand ihre Ursprünge in dieser Region. Bereits 1612 wurde die erste steirische Glashütte errichtet – in Glashütten bei Schwanberg. Voraussetzung für die Glasproduktion ist Siliziumoxyd-hälftiges Gestein (SiO_2), Flussmittel in Form von Pottasche und eine

Die Glashütte in Oberdorf bei Bärnbach

geeignete Energiequelle – Hartholz, später Kohle. All diese Kriterien wurden an den Hängen der Koralpe erfüllt, und so gibt es hier eine starke Dichte an Glaswerkstätten. Der zunehmende Holzmangel machte es aber notwendig, die Produktion in die Nähe von Kohlelager zu übersiedeln. Die erste, noch heute erhaltene Stätte ist die seit 1805 arbeitende Glashütte in Oberdorf in Bärnbach.

Bis ins 19. Jahrhundert waren alle Rohstoffe vor Ort. Ab 1895 begann man, auf reinen Kiessand statt Quarzstein umzusteigen, der großteils aus Deutschland importiert wurde. Mit der Entwicklung des Transportwesens wurde die Glaserzeugung standortunabhängiger. Einzelne Glaserzeugungsbetriebe sind aber dennoch in der Weststeiermark erhalten geblieben, wie zum Beispiel die Glaswerke in Bärnbach.

Das Weinglas entwickelte sich erst allmählich. Zunächst wurden eingefärbte Gläser hergestellt, oder die Gläser waren aufgrund der Technik noch trüb. Aus solchen Bechern konnte man zwar Wein trinken, eine Qualitätsbeurteilung des Weins war aber schon allein auf Grund der mangelnden Farberkennung nicht möglich. Der nächste Fortschritt waren klare, dünnwandige und eventuell auch geschliffene Gläser – das sogenannte venezianische Glas. Solche Gläser traten gegen Ende des 19. Jahrhundert ihren Siegeszug an. Eine Zuordnung von einem bestimmten Wein zu einem besonderen Glas gab es noch nicht wirklich, wenngleich der typische Wein einer Region im verwendeten Glas dann natürlich zum Beispiel den Begriff „Schilcherglas" ergibt. 1850 wurde erstmals ein „Schilcherglas" – ein einfaches Becherglas – erwähnt. Daraus entwickelte sich später das tulpenförmige Schilcherglas, welches in unserer Region noch sehr gerne als typisches Schilcherglas verwendet wird. Es gibt jetzt auch schon ganz wertvolle, mundgeblasene Varianten, die den Schilchergnuss vollenden.

Schilcher verkosten

Richtig verkostet mit einem gängigen Degustationsglas, das bis zu seiner weitesten Ausdehnung gefüllt wird. Zuerst prüft man die Farbe des Schilchers, indem man das Glas über eine weiße Fläche hält. Nun kann man gut die Farbe des Schilchers erkennen. Von zartem Rosé bis hin zu kräftigem Pink reicht die Palette der Schilcherweine. Die Zwiebelfarbe ist eher die historische Variante, die auf einen etwas älteren Schilcher hinweisen kann, da die Orangetöne auch von der Verfärbung durch Oxydation kommen können.

Jetzt kommt die Nase ins Spiel. Atmen Sie gut aus und gehen Sie mit der Nase über das Glas, holen Sie tief Luft, um die ersten Aromen zu erkennen, die sogenannten Primäraromen. Jetzt lässt man den Wein im Glas kreisen. Das ist anfangs etwas schwierig. Aber ein kleiner Trick hilft ihnen dabei: Zeichnen Sie auf dem Tisch mit dem Glas einen großen Sechser oder eine Figur ähnlich einer Schnecke von außen nach innen. Der Wein beginnt zu tanzen und die Glasoberfläche wird benetzt. So können wesentlich mehr Geruchsstoffe freigesetzt werden und man tut sich leichter, diese „Sekundäraromen" zu erkennen und zu benennen.

Nun erst folgt der erste Schluck. Den behalten Sie ein bisschen im Mund und saugen leise etwas Luft dazu ein. Es soll zu einer kleinen „Schaumbildung" am Gaumen kommen. So vergrößern Sie nämlich wiederum die Oberfläche, und mehr Aromakomponenten können von unserem Geruchsorgan aufgenommen werden. Diese Gerüche werden jetzt retronasal – im hinteren Rachenbereich – zur Nase geführt. Erst jetzt den Wein genussvoll schlucken – oder ausspucken – und den Nachklang im Mund bewusst wahrnehmen.

Zusammenfassend ist Folgendes zu notieren:

- Nimm dir Zeit, genießen kann man nicht nebenbei!
- Betrachte das Etikett des Weins, von wem ist er, woher habe ich die Flasche?
- Schenke den Schilcher achtsam in ein schönes Glas. Schwenke das Glas, rieche hinein und versuche die verschiedenen Aromen zu erkennen.
- Jetzt erst kommt der erste Schluck, nicht zu klein und auch nicht zu groß.
- Spüre die Aromenvielfalt, die sich auf deinem Gaumen ausbreitet.
- Genieße es, wie der Wein den Hals hinuntergleitet.
- Gönne dir ruhig ein zweites Glaserl!
- Stell dein Glas weg, lehne dich zurück und betrachte den Tag!

Trinktemperatur des Schilchers

8–10 °C:	leichte Schilcher, Schilcher gleichgepresst, Schilcher Frizzante und Schilchersekt
10–12 °C:	Schilcher höherer Qualitäten, Lagen-Schilcher, flaschenvergorene Schilchersekte
12–14 °C:	Beeren- und Trockenbeerenauslesen oder Schilcherstrohwein
16–18 °C:	gehaltvolle und gerbstoffbetonte Blaue Wildbacher

Das Schilcherland

Lipizzanerheimat

Die Lipizzanerheimat gehört zum nördlichen Teil des Schilcherlandes. Hier beginnt die Schilcherstraße. In den letzten Jahren ist die einstige Bergbauregion – hier wurde Kohle abgebaut und die nachfolgende Glasindustrie prägt dieses Land bis heute – wahrlich aus dem Dornröschenschlaf erwacht. Der sanfte Tourismus, viel Wellness und Genuss stehen im Vordergrund. Die Hauptattraktion sind die Lipizzanerpferde, die auch im Logo der Schilcher-Schutzmarke zu erkennen sind. Die Pferde werden in der weitläufigen Gegend gezüchtet und können in aller Ruhe aufwachsen, um später in die Hofreitschule nach Wien zu übersiedeln.

Direkt am Beginn der Schilcherstraße liegt der „Schmankerlwanderweg". Schmankerln werden entlang des Weges von vielen bäuerlichen Betrieben, Buschenschänken und Gasthöfen angeboten. Ausgangspunkt ist der Marktplatz in Ligist.

Ein kleiner Geheimtipp und eine besondere Sehenswürdigkeit ist die Sunfixl Höhle in der Gemeinde Kohlschwarz. Diese Höhle ist ein historischer Schleifsteinbruch, wo in zahlreichen Abbildungen die Arbeit der Schleifsteinerzeugung dargestellt wird. Einige Jahrhunderte lang wurden hier Schleifsteine abgebaut. Heute befindet sich am Ende des Wanderweges ein kleiner Buschenschank.

Tourismusverband Lipizzanerheimat

An der Quelle 3
8580 Köflach
☎ +43 (0)3144/72 777-0
✉ office@lipizzanerheimat.com
www.lipizzanerheimat.com

LIPIZZANER HEIMAT Steiermark

Der Lipizzaner ist die älteste Kultupferderasse der Welt – im Gestüt Piber

Spüre deine Seele lächeln ...

... im Gesundheitsschiff Therme NOVA nur 35 km von Graz entfernt in der wunderschönen Lipizzanerheimat. Ein Wasserfall mit Kieselbucht, ein Tropenwald wo man den Bananen beim wachsen zusehen kann, ein Kneippbecken und die geheimnisvolle Blaue Grotte mit Meeresrauschen, lassen keine Wünsche offen.

Ein attraktiver Kleinkinderbereich mit Märchenturm, Spiegelwand und Brasilianischer Wand runden das Angebot für Jungfamilien ab.
Auf alle sportlich aktiven Gäste wartet ein 25 Meter langes Indoor Sportbecken und mehrmals täglich Wassergymnastik sowie sportliches Aqua-Workout.

Der großzügige Saunabereich mit sensationellem Panoramablick auf die weststeirische Hügellandschaft, erstreckt sich über zwei Deckebenen.
Eine Panoramasauna, ein Tauchbecken zum Abkühlen und ein Whirlpool unter freiem Himmel – runden das besondere Saunaerlebnis ab.

Kompetente Wohlfühlpartner in der Therme NOVA

Merkur Recreation – Gesundheitspartner
☎ +43(0)3144 / 70 100 – 401
Kosmetik Jechart - Schönheitspartner
☎ +43(0)3144 / 70 100 - 750

Kraft und Erholung tanken im **** Gesundheitshotel NOVA

132 mit allem Komfort ausgestattete Zimmer mit Balkon der hoteleigene Sauna- und Spa-Bereich mit Thermalwasserbecken, laden zum Entspannen ein. Ein beliebtes Highlight bei den Gästen ist auch das helle und freundliche Panoramarestaurant mit seinem Rundumblick.

Das Kurhotel NOVA – ein innovatives Gesundheits-Kompetenz-Zentrum für den Bewegungs- und Stützapparat

Unter dem Motto „Sport & Gesundheit" stehen Ihnen im Rahmen Ihres ganzheitlichen Gesundheitsprogramms ein kompetentes medizinisches Team zur Verfügung.

Hotel & Therme NOVA GmbH & Co KG
An der Quelle 1
8580 Köflach | Austria
☎ +43 (0)3144/70 100-612
FAX +43 (0)3144/70 100-99
✉ marketing@novakoeflach.at
www.novakoeflach.at

NOVA
HOTEL KÖFLACH THERME

Die Steiermark besitzt entsprechend ihrer landschaftlichen Gliederung über 200 verschiedene überlieferte und erneuerte Trachten

Der gemütliche Buschenschank

Während Weinfreunde sich über den ausgezeichneten Schilcher des Hauses freuen, deren Rebstöcke zwischen dem Söding und dem Kainachtal auf rund 380 Meter Seehöhe auf mineralhaltigen Schieferverwitterungsboden wurzeln, träumen Feinschmecker von der ausgezeichneten Buschenschankküche.
Diese reicht von der traditionellen Brettljause bis hin zu saisonalen Sulzerlvariationen.
Am besten genießt man die Spezialitäten bei schönem Wetter in der Laube oder in den gemütlichen Buschenschankräumen.

Weinhof Buschenschank Familie Stocker

Neudorf 8
8152 Stallhofen
☎ +43 (0)3137/33 05
FAX +43 (0)3137/33 05-4
www.buschenschank-stocker.at

Die Kunst des Destillierens

Familie Hochstrasser lädt ein zu gutem Essen, einer Besichtigung der Brennerei, Einblicken in die Kunst des Destillierens sowie zur Verkostung der Edelbrände, Liköre und Schilcherprodukte. Schilcherlikör, Schilcherwein, Schilcherfrizzante, Schilchersekt, Schilchertresterbrände.
Genüsse für Gaumen und Auge sind im Schauraum gleich neben der Gastwirtschaft erhältlich, eine exklusive Shoppingmeile des Glasdesigns. Präsente, edle Flakons und Themenflaschen, von Hand beschriftet und gestaltet, sind in allen Formen und Größen erhältlich.

Hochstrasser GmbH & CoKG Feindestillerie & Gastwirtschaft
Marktplatz 12
A-8562 Mooskirchen
☎ +43 (0)3137/22 32
FAX +43 (0)3137/22 32-6
✉ hochstrasser@schnaps.at
www.schnaps.at

Nach der Weinlese kehrt langsam Ruhe ein in den Weingarten, bevor der letzte Schnitt getan werden muss

Genuss mit Tradition

Man nehme eine Prise Tradition, regionale Produkte bester Qualität, gebe eine Hand voll Persönlichkeit und viel Liebe zum Detail hinzu, füge einen Schuss Wein hinzu und schmecke das Ganze mit viel Kreativität & Können ab. Fertig ist das Rezept, Pardon, die Philosophie im Hause Preschan.

Hoch über den Dächern von Voitsberg und seit 1952 im Besitz der Familie Preschan – eingebettet mitten in der Natur mit Panoramablick von der Sonnenterrasse. Für Einheimische ein Geheimtipp, bietet die Familie Preschan für Genuss-Liebhaber immer wieder eine Überraschung und sorgt für unvergessliche Stunden.

Genießen & verkosten – wir laden Sie ein, im stilvollen Ambiente zu verweilen und schöne Stunden zu verbringen.

Ausflugsgasthaus Preschan
Arnsteinstraße 130
8570 Voitsberg
☎ +43 (0)3142/22 810
FAX +43 (0)3142/22 810-40
✉ office@preschan.at
www.preschan.at

Preschan
Seit 1952

Weinlese vor der Kulisse
des Schilcherlandes –
hier wird der Blaue Wildbacher
zum herrlichen Roséwein

Das Wahrzeichen von
Stainz – der Flascherlzug

Das Schilcherland um Stainz und St. Stefan

Ein mobiles Wahrzeichen in Stainz ist der Flascherlzug. Er führt auf einer Schmalspurbahn nach Predig und wieder zurück. Damit aber das Zugfahren nur ja nicht langweilig wird, gibt es Stationen, wo er hält, und auch während der Fahrt ist für Musik und Verpflegung gesorgt. Der Name „Flascherlzug" kommt aus der Zeit des Wunderdoktors „Höllerhansl". Die Reisegäste mussten alle mit einer Urinprobe in einem Flascherl zum Arzt anreisen. Er war der Erste, der die Zuckerkrankheit diagnostizierte und zu behandeln wusste. Für die Diagnose verkostete der Höllerhansl die Urinproben, ob süßlicher Geschmack feststellbar war.

Ein wichtiges Kulturdenkmal der Stadt ist das Schloss Stainz. Als Augustiner Chorherrenstift errichtet, erlebte es im 16. Jahrhundert seine Blütezeit, wurde aber unter dem habsburgischen Reformkaiser Josef II. aufgehoben und schließlich von seinem Neffen Erzherzog Johann – dem ersten Bürgermeister von Stainz – erworben und bewohnt. Die Grafen von Meran, die Nachfahren des Erzherzogs aus seiner Ehe mit einer Bürgerlichen, leben heute noch hier. Ein Teil des Museums Joanneum in Graz, das auf die Gründung Erzherzog Johanns zurückgeht, ist hier untergebracht und widmet sich dem Thema Jagd und der landwirtschaftlichen Kultur. Zusätzlich werden jährlich Sonderausstellungen gestaltet.

Wandern wird auch in dieser Region ganz groß geschrieben. Als besondere Attraktion gilt die Stainzer Warte am Lethkogel. Sie ist mit ihrem hellen Blechdach ein weithin sichtbarer Punkt. Dort wurde sogar eine historische Eisenhütte entdeckt und freigelegt. Zu finden ist dieser Weg mit der Bezeichnung „Stainzer Panoramaweg" von Stainz aus.

Dem Genießen widmet sich der Wanderweg in Marhof, der beim dortigen Rauchhof beginnt. Bei der kleinen Wanderung von zirka 2,5 Stunden laden viele Stationen zum Verweilen ein – so kann man sich die Gegend gemütlich erwandern. Genuss nicht nur für Gaumen und Kehle, sondern auch für Kopf und Seele. Hat man länger Zeit und Lust, so kann man nach Sauerbrunn abzweigen und das Stainzer Wasser, ein sehr eisenhaltiges Wasser, direkt von der Quelle trinken.

Zu einem interaktiven Spaziergang lädt das Theaterforum St. Josef ein. Vom Ortszentrum nur wenige Meter entfernt, eingebettet in einen idyllischen Waldweg, hat sich der St. Josefer „Theaterweg" zu einem beliebten Ausflugsziel für Jung und Alt entwickelt. Auf einer Streckenlänge von einem

Kilometer regen 16 Spielstationen mit entsprechenden Anleitungstafeln zum aktiven Theaterspiel an. Der Theaterweg ist bei freiem Eintritt täglich begehbar. Man kann ihn allein begehen, noch besser ist es aber, sich mit der ganzen Familie oder in einer Gruppe dem Spiel zu widmen. Auch Führungen sind nach Vereinbarung möglich. Ergänzend zum erlebnisreichen Theaterweg gibt es zwei weitere malerische Rundwanderwege (5 und 9 Kilometer). Die gut markierten Routen durch die reizvolle Naturlandschaft rund um das Theaterdorf St. Josef dienen der Entspannung und dem Genuss.

Auch Radfahren wird im Schilcherland groß geschrieben. Zum einen gibt es die „Ölspur" mit ihren gut beschilderten Radwegen und zum anderen kann man mit einem Velobike, einem Elektrorad, die Hügel recht bequem hinauffahren, das einem das Schwitzen erspart, aber den vollen Naturgenuss ermöglicht. Sowohl beim Wandern als auch beim Radfahren kann man das Schilcherland mit all seinen Sinnen voll aufnehmen: „Starlverjeiker" (Klapotetze), Gerüche, Landschaft, Vögel, grüne Wiesen, alles in unverfälschter Natürlichkeit.

Für Kunst und Kultur zeichnen die Kulturinitiative Stainz-Zeit und auch die Ölmühle Herbersdorf verantwortlich. Beide Organisationen ermöglichen der ansässigen Bevölkerung und natürlich auch den Gästen einen vielfältigen und auch internationalen Kultur- und Musikgenuss.

Ein besonderes Ereignis ist die jährlich stattfindende Styriarte in der Stiftskirche in Stainz, bei der an einem Wochenende im Juli die gesamte Musikwelt um Nikolaus Harnoncourt versammelt und Musikgenüsse in allerhöchster Qualität geboten wird.

Der Schilcherweinbauer

In diesem Betrieb können Sie hinter die Kulissen der Schilcherproduktion blicken: In einer informativen Betriebsführung lernen Sie die Geheimnisse der verschiedenen Ausbauvarianten näher kennen. Führungen sind am besten gegen Voranmeldung möglich. Isabella, Christian, Sophie, Katharina und Theresa freuen sich auf Ihren Besuch!

Schilcherweingut Friedrich

Christian & DI Isabella Friedrich
Langegg 18
8511 St. Stefan
☎ +43 (0)3463/81 252
www.friedrich-schilcher.at

Die autochthone Blaue Wildbachertraube – prägend für eine ganze Region

Weingut Hiden Höllerhansl

Seit mehreren Generationen beschäftigen wir uns bereits mit Weinbau. Durch diese lange Erfahrung haben wir unsere Anbaumethoden weiterentwickelt und arbeiten nach den Richtlinien der kontrollierten, integrierten Produktion, welche auf der ganzheitlichen Betrachtung des Ökosystems Weingarten beruht. Zur Gesunderhaltung des Bodens und des Bodenlebens sind unsere Rebflächen mit der Größe von zirka sieben Hektar dauerbegrünt und werden mit schonender moderner Technik und unserem Know-how bearbeitet. Die gesamte Ernte wird von uns selbst gekeltert und vermarktet. Einige der besten Weine kommen von den Steilhängen der Riede Hochgrail. Die Hauptrebsorte Schilcher bieten wir in den Ausbauformen Klassik, Kabinett, Prädikatsweine, Schilchersekt und als Blauen Wildbacher an. Darüber hinaus keltern wir eine Reihe von Weiß- und Rotweinen, die durch klare und sortentypische Charakteristik beeindrucken.

Weingut Franz & Maria Hiden
vulgo Höllerhansl
Hochgrail 66
8511 St. Stefan ob Stainz
☎ +43 (0)3463/81 817
✉ weingut.hiden@aon.at
www.weingut-hiden.at

Herzlich willkommen im Schilcherland!

Bodenständige Ursprünglichkeit und zugleich gesunde Raffinesse am Teller, prickelnde Lebensfreude im Glas und ein sonniges Lächeln im Gesicht! Bei genauerem Hinsehen entdeckt man jedoch: Das Schilcherland ist mehr! Es ist tatsächlich mehr als deftige Jausen in lauschigen Buschenschänken, mehr als tiefgründiges Brauchtum, unvergessliche Feste, ausgedehnte Wanderungen durch malerische Landschaften, prämierte Destillate, hochdotierte Weine und kulinarische Höhenflüge – das Schilcherland ist Lebensgefühl! Tauchen Sie ein in eine Wunderwelt im Herzen der Weststeiermark und lassen Sie sich verführen.

Das Schilcherland ist Urlaubsziel für alle Jahreszeiten. Im Stainzer Weinfrühling zwischen März und Juni bieten zahlreiche Veranstaltungen, Konzerte, Theateraufführungen, Wein- und Schmankerlverkostungen, geführte Rad- und Wandertouren sowie „offene Kellertüren" vielerlei Gelegenheit, um das neue Genussjahr gebührend zu begrüßen. Mit dem legendären Stainzer Flascherlzug dampft es sich genüsslich durch den Literatur- und Theatersommer, mit Elektrofahrrädern, Draisinen und Oldtimertraktoren geht es in geselliger Runde vergnügt von Ort zu Ort.

Tourismusverband Schilcherland Stainz-Reinischkogel

Rathausplatz 4
8510 Stainz
☎ +43 (0)3463/45 18
FAX +43 (0)3463/45 18-4
✉ info@schilcherland.com
www.schilcherland.com
www.weinfruehling.at

Stainz – Reinischkogel SCHILCHERLAND

Schilcherland STEIERMARK

Die typischen Farben des Schilcherlandes zeigen sich auch an den traditionellen Holzhäusern der Region

Schilcher mit Ausblick

Zwischen den idyllischen weststeirischen Weinbergen, im Herzen der Schilcherregion Stainz-Reinischkogel, liegt das Weingut Lazarus.

Im Familienbetrieb werden seit rund 50 Jahren der berühmte Schilcher und mehrere Weißweinsorten angebaut. In den urigen Räumlichkeiten des Buschenschanks kann man aus einer großen Auswahl an vielfach ausgezeichneten Qualitätsweinen wählen. Dazu werden regionale Köstlichkeiten und selbstgemachte Mehlspeisen serviert.

Weingut Buschenschank

Familie Lazarus
Langegg an der Schilcherstraße 20
8511 St. Stefan ob Stainz
✉ weingut-lazarus@aon.at
www.weingut-lazarus.at

Der edle Geschmack des steirischen Weins

Im Einklang mit der Natur – Familie Langmann aus St. Stefan ob Stainz auf ihrem Weingut

Im weststeirischen Schilcherland rund um Stainz, auf 575 Meter Seehöhe, liegt das Weingut Langmann, vulgo Lex. Der traditionsreiche Betrieb befindet sich seit 1746 im Familienbesitz und legte schon früh besonderen Wert auf die Vinifizierung hochwertiger Weine. „In Einklang und Harmonie mit der Natur und den Jahreszeiten leben und arbeiten" ist für die Langmanns ein wichtiger Grundsatz. In diesem großen Familienbetrieb hat jeder sein Aufgabenfeld im Betrieb gefunden, trotzdem bauen die Mitglieder der Familie auf Gemeinsamkeit, denn sie wissen: Nur durch Zusammenhalt wird man stark!

Das Weingut Langmann hat sich auf die Herstellung von unterschiedlichen Produktvarianten der roten Rebsorte Blauer Wildbacher spezialisiert:

- Der Schilcher überzeugt durch Komplexität, hohe Extraktdichte und unvergleichliche Fruchtigkeit.
- Das Schilcher-Angebot reicht von klassischen Qualitätsweinen über Lagenweine und Spätlesen bis hin zu prickelnden Winzersekten und bekömmlichen Destillaten.
- Die Rebsorte Blauer Wildbacher wird bei Lex auch als Rotwein ausgebaut. Tiefschwarz kommt er aus der Flasche und verführt mit seinem kräftig-würzigen Charakter jeden Gaumen. Der Blaue Wildbacher steht für hohen Genuss und sorgt für freudige Überraschungen.

- Auch bei Sauvignon blanc, Muskateller, Weißburgunder, Welschriesling, Gewürztraminer & Co wird auf höchste Qualität geachtet. Auf dem Weingut Langmann wird bestes Traubenmaterial zu hervorragenden Sekten verarbeitet. Neben Schilcher und Muskateller werden auch verschiedene Burgundersorten in prickelnde Erlebnisse verwandelt.

Auch bei den diversen Verkostungen im In- und Ausland wird die perfekte Arbeit der Langmanns belohnt. Seit Jahrzehnten dürfen sie sich jedes Jahr über zahlreiche Auszeichnungen freuen. Einer der Höhepunkte im Jahr 2011 ist die Auszeichnung des Betriebes als „Weingut des Jahres". Zwar sind die Langmanns stolz auf ihre Prämierungen und Auszeichnungen, aber viel wichtiger sind ihnen das Lob und die Treue ihrer Kunden.

Typisch für diese Region ist auch der Buschenschank. Klassische Speisen, wie Brettljause, Kübelfleisch oder Rohschinken, verführen ebenso zum Genuss wie Fisch-, Wild- und Straußenspezialitäten. Kulinarisches wie Rohmilchkäseteller, Schafs- oder Ziegenkäse ergänzen die Vielfalt der Auswahl. Naschkatzen kommen mit hausgemachten Strauben, Topfenschnitten, Buchteln oder schmackhaftem Schilcherkuchen auf ihre Kosten.

Weinexperten – und alle, die es werden wollen – kommen bei Kellerführungen und kommentierten Weinverkostungen auf ihre Rechnung.

Familie Langmann vulgo Lex
Langegg 23; 8511 St. Stefan ob Stainz
☎ +43 (0)3463/61 00
FAX +43 (0)3463/61 00-4
+43 (0) 676/51 75 217
✉ weingut@l-l.at
www.l-l.at

LANGMANN
VULGO Lex

Das barocke Schloss Stainz verbindet Frömmigkeit mit echter Lebensfreude

Das Original

Der „Trapl-Edi", wie Eduard Oswald meistens mit dem vulgo-Namen angesprochen wird und auf unserem Bild rechts im Gespräch mit Schilchermaler Spari zu sehen ist, hat einen speziellen Schilcher, den „Rustical", der an die rassige Schilcherzeit erinnert. Alle anderen Spielarten des Schilchers bewegen sich in einem harmonischen, milden Säureniveau! Zahllose Siege bei diversen Weinprämierungen bestätigen die Qualität seiner Weine.

Weinbau Oswald

vulgo Trapl
Lestein 40
8511 St. Stefan ob Stainz
☎ +43 (0)3463/81 082
www.trapl-schilcher.at

Es gibt sie wirklich noch – die schönen Dinge im Leben!

Denn was haben Waldschweine, frei lebende Hausschweinrassen und Zwergpferde, Hängebauchschweine und Graugänse, Hügelbeete und Schafe, Schilcher und Lärcherl, gesunde Genussküche und gemütliche Gästezimmer, Kernöl und Produkte aus natürlichem Anbau gemeinsam? Sie sind alle beim „Jagawirt" in Sommerben zu finden. Der aus dem 18. Jahrhundert stammende Hof wurde behutsam im ländlichen Stil renoviert und wird als Gasthaus mit Zimmervermietung als Familienbetrieb geführt. Die Gerichte im Restaurant kommen, der Philosophie des Wirts Werner Goach entsprechend, nahezu ausschließlich aus der eigenen Landwirtschaft. Dazu gibt es eine große Auswahl an steirischen Spitzenweinen. Nicht zu vergessen sind auch die Obstbrände und Liköre aus der eigenen Brennerei, die schon unzählige Preise errungen haben.

Gasthof JAGAWIRT
Sommereben 2
8511 St. Stefan ob Stainz
☎ +43 (0)3143/81 05
✉ goach@jagawirt.at
www.jagawirt.at

Wirtshaus Jagawirt
REINISCHKOGEL - WESTSTEIERMARK

Das Kaufhaus im Schilcherland

Über 70 Mitarbeiter und Mitarbeiterinnen sorgen für Qualität

Eine der Besonderheiten im Schilcherland ist es, dass es hier – mitten in Stainz – noch ein Kaufhaus gibt, das diesen Namen wirklich verdient. Im Jahr 1908 von Florian Hubmann, dem Großvater des heutigen Eigentümers in Stainz gegründet, erlangte das Kaufhaus Hubmann regionale Bedeutung und wurde zum Treffpunkt der Bewohner des Schilcherlandes.

Ein Lebensmittelmarkt mit Spezialitäten aus der Region bildet schon seit jeher das Rückgrat des Unternehmens, seit dem Umbau 2001 hat die Modeabteilung auf über 1200 Quadratmeter Verkaufsfläche mit einem attraktiven internationalen Modemarken-Mix mittlerweile überregionale Geltung. Eine Abteilung für Papier, Buch und Spielwaren mit einer attraktiven Postpartnerstelle steht den Kunden ebenso zur Verfügung wie „Hubmann's Kleiner Markt", in dem der Kunde Drogeriewaren, Fotosofortservice und vieles mehr vorfindet. Ein Kaffeehaus, das gut bürgerliches Mittagsmenü anbietet, und ein großer Kundenparkplatz runden das Angebot dieses Kaufhauses im Zentrum von Stainz ab.

Für diese besondere Kaufhausqualität wurde der Firma Hubmann anlässlich ihres 100-jährigen Bestandsjubiläums das Recht zur Führung des steirischen Landeswappens verliehen.

Hubmann

Grazer Straße 1
8510 Stainz
☎ +43 (0)3463/21 06
✉ kaufhaus@hubmann.st
🌐 www.hubmann.st

HUBMANN ...das Kaufhaus!

Sommermorgenstimmung in
St. Stefan ob Stainz

Erleben · Genießen · Verweilen

im Stainzerhof

Stainz, das Kleinod in der Weststeiermark hat seine Besucher schon seit jeher be- und verzaubert. Völlig zu Recht. Denn eingebettet in die wunderbare Hügellandschaft der Weststeiermark bietet Stainz seinen Besuchern in Sachen Erholung, Kultur, Kulinarik, Sport oder Business alles, was das Herz begehrt. Schon der erste Bürgermeister der Gemeinde, Erzherzog Johann, war von Stainz und der Weststeiermark begeistert. Das Schloss Stainz wird noch heute von seinen Nachfahren bewohnt. Tradition, Innovation, Regionalität und Weltoffenheit – Werte, für die Erzherzog Johann zeit seines Lebens stand – machen ihn zum Schirmherrn des neuen Stainzerhofs.
Dort, wo bereits vor über 100 Jahren Gäste verwöhnt wurden, steht heute das neu eröffnete Vier-Sterne-Hotel Stainzerhof mit 92 Betten in 46 Zimmern und einem Restaurant unter der Führung des Haubenkoches Heinz Preschan.

Das Hotel

Businesshotel, Genusshotel, Kulinarikhotel oder ganz einfach nur ein traumhafter Ort, um einmal ein paar Tage so richtig auszuspannen – der neue Stainzerhof bietet für alle Wünsche das passende Ambiente. Der neue Stainzerhof ist lebendige

STAINZERHOF ★★★★ Hotel – Restaurant
Grazer Straße 2
8510 Stainz
☎ +43 (0)3463/22 122
FAX +43 (0)3463/22 122-122
✉ welcome@stainzerhof.at
🌍 www.stainzerhof.at

Tradition und gleichzeitig Ausdruck eines zeitgemäßen Lebensstils.

Der Mensch im Mittelpunkt

Dank unserer überschaubaren Größe können wir unsere Gäste sehr individuell und persönlich betreuen. Unsere wichtigste Aufgabe sehen wir darin, Ihre Erwartungen nicht nur zu erfüllen, sondern noch zu übertreffen.

Keine Massenabfertigung, sondern der Mensch als Mittelpunkt all unserer Bemühungen. Wir freuen uns darauf, Sie davon überzeugen zu dürfen, und freuen uns auf Ihren Besuch.

Genuss pur

Ob regionale Schmankerln oder raffiniert zubereitete Genusskreationen – Heinz Preschan, Aufsteiger des Jahres 2010 und von Gault Millau hoch gelobter Haubenkoch wagt im Stainzerhof den Spagat zwischen bodenständiger und einer brillanten, neuen Küche für höchste kulinarische Ansprüche.

Restaurant oder Wirtshaus – egal wofür man sich auch entscheidet, Haubenkoch Heinz Preschan und sein Team überzeugen mit Können, Originalität und Kreativität. Ein Besuch, der Ihren Gaumen jubilieren lässt. Ein Besuch, der sich lohnt.

STAINZER HOF ****

Reine Kopfsache

Kreative Köpfe sind das Rückgrat des Schilcherlandes: Das Team Steinbauer, der innovative Friseur in der Schilcherregion, macht mit fantasievollen Frisuren die Kreativität am Kopf sichtbar.

Das Geheimrezept für Ideenreichtum und Schöpferkraft sind aktive Weiterbildung und erfolgreiche Teilnahme an verschiedenen Wettbewerben unserer Mitarbeiter.

Und weil Genuss im Schilcherland groß geschrieben wird: Lassen Sie sich mit einer entspannenden Kopfmassage oder einer Make-up-Auffrischung verwöhnen und genießen Sie Ihren Aufenthalt bei uns. Selbstverständlich bieten wir diesen Service gratis an, damit Ihr Friseurbesuch zum Wellness-Erlebnis wird.

Team Steinbauer
Grazer Straße 5
8510 Stainz
☎ +43 (0)3463/26 32
www.team-steinbauer.at

Eine Trachten-Lederhose wird in der Regel aus sämisch gegerbtem Hirschleder gefertigt – hier ein Exemplar aus der Stainzer Tracht

Der Genuss der Langsamkeit

Der Verein die Stainzer Oldtimerfreunde betreibt mit viel Enthusiasmus und persönlichem Einsatz ein einzigartiges Oldtimer-Traktormuseum. 130 Traktoren von 29 Marken sind dort ausgestellt und warten auf ihre Besucher. Einige der Traktoren können auch angemietet werden, um damit die Einmaligkeit des Schilcherlands zu „erfahren".

Traktormuseum der Oldtimerfreunde Stainz

Paul Wiener; Brombeerweg 4, 8510 Stainz
+43 (0)699/19 13 36 58 Besuch nach Vereinbarung
traktormuseum@gmx.at
www.traktormuseum.at

Ren(n)t a Traktor – Traktorenmiete

+43 (0)664/58 54 124 (Frau Waltraud Handrick)

Einfach genießen auf vier Etagen

Die Vinothek und Weinhausbar des Weinhauses Stainz führt ein breites Sortiment an österreichischen Weinen mit Schwerpunkt Steiermark sowie ausgesuchte internationale Weine und Raritäten. Unsere Schauküchen und Veranstaltungsräume sind ideal zum Feste-Feiern: privat und doch nicht zu Hause!

Der Seminarraum im obersten Geschoss unseres Hauses steht mit seiner zeitgerechten elektronischen Ausstattung selbstverständlich auch klimatisiert zu Ihrer Verfügung.

Last but not least beherbergt der Weinkeller Ihre Weine wohltemperiert in einem ansprechenden Ambiente. Mieten Sie ein Fach für Ihre edlen Sorten!

Weinhaus Stainz
Grazerstraße 1
8510 Stainz
✉ office@weinhaus-stainz.at
www.weinhaus-stainz.at

WEINHAUS STAINZ

Trachtenhut der Stainzer Tracht

Ein Weinbaubetrieb, der zu Genuss und Wohlfühlen einlädt

Dieser Familienbetrieb befindet sich inmitten der Stainzer Schilcherregion auf einer Seehöhe von 560 Metern, der sich auf die Vielfalt der Sorte „Blauer-Wildbacher" spezialisiert und damit zahlreiche Auszeichnungen erworben hat.

Das Weingut gilt als besonderer Geheimtipp, der seinen Gästen in einem außerordentlichen Ambiente bei einem Glas Schilcher Genuss pur bietet.

Weingut Eduard und Renate Weber

Lestein 73
8511 St.Stefan/Stainz
☎ FAX +43 (0)3463/81 954
✉ edi.weber.weinbau@aon.at
www.weingutweber.at

ER weber
weingut | lestein, weststeiermark

Typisch für das Schilcherland –
der in den Hügel gebaute
Weinkeller mit Presshaus

Regionale Produkte in aller Munde

Eine Idee muss nicht neu sein, um gut zu sein. Eine Idee ist noch besser, wenn alle etwas davon haben. Eine solche Idee hatte Josef Held: hochwertige regionale Produkte über das Internet zu verkaufen. Seine Motivation: „Ich liebe die Steiermark, ihre Menschen und Erzeugnisse. Ich will, dass sich möglichst viele Menschen daran erfreuen können."

UrlauberInnen schwärmen daheim von weststeirischem Kernöl, Wein oder Handwerk. Und nicht jeder Bauer hat die Zeit und die Möglichkeiten, einen modernen Internet-Shop zu betreiben.

„Ich weiß, dass Landwirtschaft und Handwerk viel Arbeit bedeuten, daher soll es bei unserem „Regionalen Regal" keinen Mehraufwand für die Produzenten geben", verspricht der Wahlsteirer. Und dieses Service kommt gut an: Zahlreiche regionale Hersteller vermarkten ihre Produkte über Josef Helds Internet-Shop.

„Unser Ziel ist, Qualität und Genuss regionaler Produkte weit über die Grenzen des Schilcherlandes zu vermarkten, damit sie geschätzt werden und Freunde unserer Produkte sie jederzeit genießen können."

DI (FH) Josef Held – Regionales Regal OG

Wirtschaftspark 2
8530 Deutschlandsberg
+43(0)650/62 07 052
www.regionales-regal.at

Das Selbstvermarkterdorf Rassach

Rassach mit den Katastralgemeinden Graschuh, Herbersdorf, Lasselsdorf und Rassach liegt direkt an der Bundesstraße von Graz nach Deutschlandsberg. Die alten, mit Blumen geschmückten, weststeirischen Bauernhäuser laden die Besucher zum Verweilen ein. Kommen Sie zu unseren Bauern, die ab Hof verkaufen. An ihren gemütlichen Plätzen werden Sie zum Verkosten ihrer Produkte eingeladen, und bald fühlen Sie sich wie zu Hause.

Gemeinde Rassach

☎ +43 (0)3464/40 60
✉ gde@rassach.steiermark.at
www.rassach.at

Zu verschiedenen Anlässen zeigt sich die Rassacher Jugend gerne in festlicher Tracht

Das besondere Schilchererlebnis

Um Schilcherfreunden die gesamte Palette weststeirischen Schilchers mit der Qualitätsmarke „Weißes Pferd“ an einem Ort zu präsentieren, wurde vom Verein die „Vinothek im Schilcherstöckl“ in Rassach eingerichtet. Im gemütlichen Verkaufslokal kann man die verschiedenen Schilcher verkosten und natürlich auch kaufen.

Öffnungszeiten: Di.–Fr. 14.00–18.00 Uhr, Sa.–So. 10.00–12.00 und 14.00–18.00 Uhr, Mo. Ruhetag, Winterpause 1. 1.–19. 3.

Vinothek im Schilcherstöckl

A-8510 Rassach 25
☎ +43 (0)3463/43 33
📱 +43 (0)676/73 88 189

Die Steirische Ölspur

Die Steirische Ölspur beginnt in Stainz und führt mitten durch das Schilcherland bis nach Eibiswald. Ob spontaner Kurzurlaub, Tagesausflug oder auch ein längeres Verweilen: Natur und Kultur, Tradition und Moderne bieten spannende Gegensätze und unerwartete Symbiosen – und das 365 Tage im Jahr.

Wer gehört dazu?

10 Ölspurgemeinden, 5 Ölmühlen, 14 Ölspurbauern, 20 Ölspurwirte. Sie alle verbindet das klare Bekenntnis zur Region, zum Produkt und zur Qualität. Im Mittelpunkt steht als kulinarisches Aushängeschild das steirische Kürbiskernöl.

Steirische Ölspur

Büro:
Oberer Markt 3
8551 Wies
☎ +43 (0)3465/70 38
✉ steirische@oelspur.at
www.oelspur.at

steirische ölspur®

Das steirische Kürbiskernöl g.g.A. ist eine anerkannte Herkunftsbezeichnung mit Regionenschutz

Wahrscheinlich das beste Kernöl überhaupt

Die Ölmühle Herbersdorf bei Stainz ist eine der ältesten und kleinsten Ölmühen der Steiermark. Wir sind stolz auf die Qualität unseres Kernöls: 2011 wurde unser Unternehmen zum zwölften Mal in Serie mit der Goldmedaille prämiert und auch von Gault Millau ausgezeichnet. Nicht nur das Steirereck am Pogusch und das Steirereck im Stadtpark in Wien verwenden unser Steirisches Kürbiskernöl, sondern auch viele andere Haubenwirte im In- und Ausland.

Ölmühle Herbersdorf Gernot und Ing. Ulrike Becwar
Herbersdorf 9
8510 Stainz
+43 (0)664/41 08 097 oder (0)664/92 30 416
FAX +43 (0)3463/28 28
oelmuehle@herbersdorf.at
www.oelmuehle.herbersdorf.at

Wie ein gemaltes Artefakt – Weingärten im Herbst

Bodenständig, aber offen für Neues

Im traditionellen steirischen Weingasthof bieten hervorragende Kulinarik, 28 Gästebetten (romantische Winzerzimmer im alten Bauernhaus) und eine ausgedehnte Freizeitanlage (Tennis, Badeteich) ehrliche Gastfreundschaft für die ganze Familie.

Küchenzeiten: 12.00–15.00 Uhr und 18.00–22.00 Uhr
Ruhetage Montag und Dienstag

Steirischer Weingasthof Rauch-Hof

Wald-Süd 21
8510 Stainz
☎ +43 (0)3463/28 82
FAX +43 (0)3463/28 82-4
✉ rauch-hof@netway.at
www.rauch-hof.at

Rauch-Hof
Gastwirtschaft & Freizeitanlage

Gamser Schmankerlwanderung

Von einem Weinbauern, einer Weinbäuerin zum und zur nächsten können Sie eine geführte Wanderung mitmachen, die bei den drei Weinbauern Deutsch-Maier, Peter und Deutschmann vorbeiführt. Überall werden bäuerliche Produkte wie Fischschmankerln vom „Märchensee“ und „Weststeirisches“ wie Selchwürstl, Aufstriche, G'selchtes sowie Eigenbauweine aus Küche und Keller angeboten. Und bei Familie Farmer-Rabensteiner kann das Kernölpressen „gelernt“ werden. Insgesamt dauert die Wanderung zirka sechs Stunden und kann bei der Familie Deutsch-Maier gebucht werden.

Auch die Weinerlebniswanderung, die Schilcherlandwanderung oder die Mondscheinwanderung stehen dem interessierten Gast zur Auswahl. Will man mehr wandern, kann man auch einen Abstecher zur neu errichteten Bad Gamser Weinberg-Warte machen. Hier wird man mit einem Ausblick von der Koralpe bis nach Slowenien belohnt.

Schilcherland um Deutschlandsberg

Das Wahrzeichen der Stadt Deutschlandsberg ist die weithin sichtbare Burg Deutschlandsberg. Sie beherbergt das ur- und frühgeschichtliche Museum Archeo Norico, deren Folterkammer und Burgverlies Teile der Ausstellungen sind. Hier finden sich 6000 Jahre Geschichte der Besiedlung der Steiermark.

Interessant ist auch das Feuerwehrmuseum in Groß St. Florian. Es beinhaltet die Entwicklung der steirischen Feuerwehren und ist für alle Altersgruppen ein Erlebnis.

Auf einer Anhöhe zwischen Deutschlandsberg und Hollenegg liegt eine über 500 Jahre alte Wallfahrtskirche, die Wolfgangikapelle. Sie lädt mit einem Meditationsweg Jung und Alt zum Spazieren ein. Das kleine Gotteshaus wurde vor kurzem auf private Initiative hin vom rundum liegenden Wald befreit und bietet jetzt einen einzigartigen Rundblick über die gesamte Schilcherregion. An guten Tagen sieht man bis zu den Mariazellerbergen, der Riegersburg und bis zum slowenischen Pachern-Gebirge.

Für Golfsportbegeisterte gibt es in Frauental einen Golfplatz im herrschaftlichen Park des Schlosses Frauental.

Immer wieder fasziniert das Wunder der Natur – junger Trieb des Blauen Wildbachers

Fisch, Käse & Wein

Bei Familie Peter, mitten in einem idyllischen Weinbaugebiet bei Bad Gams, weht im Keller wie auch am Weinberg die Tradition wie eine frische Brise. Schon seit 1750 baut die Familie auf einer Fläche von inzwischen 3,5 Hektar die blaue Wildbacher Traube an. Aus dieser Traube wird der Schilcher gekeltert und in verschiedenen Variationen ausgebaut. Kulinarisch verwöhnt Toni Peter mit typisch steirischen Jausen oder Mehlspeisen. Exklusiv gibt es aber auch kalte Fisch- bzw. Käsespezialitäten.

Weinbau und Fischbuschenschank

Gersdorf 21
8524 Bad Gams
☎ FAX +43 (0)3463/33 54
+43 (0)676/40 41 164
✉ admin@weinbautonipeter.at
www.weinbautonipeter.at

Ein Erlebnis mit allen Sinnen

Der Erlebnis- und Genusshof Farmer-Rabensteiner vulgo Graf in Bad Gams bietet Kulinarik und Genuss im Schilcherland – Kernölland. Zahlreiche Auszeichnungen garantieren für die höchste Qualität der Produkte. Produzent des Jahres, Alpen-Adria-Sieger, prämierter Steirischer Kernölbetrieb, Botschafter Steirisches Kürbiskernöl, Bester Genussladen.

Erlebnis Kürbis

Das Angebot reicht vom prämierten Steirischen Kürbiskernöl, Knabberkernen in 40 Geschmacksrichtungen, Kürbiskern-Pesto, Marmeladen, handgeschöpfte Schokoladen, prämierte, goldene Essige, Schilcher, bis zu den typischen Likören und Edelbränden aus der Region. Auf über 150 Quadratmetern bieten die Ausstellung Kulinarikraum, prämierter Essigkeller, Bäuerliches Handwerk und Schilcherkeller hoffentlich für jeden Gast das passende Geschenk. Die Produktvielfalt – Kulinarik und bodenständige, handgefertigte Produkte zu guter Qualität und zu günstigsten Ab-Hof-Preisen.

Öffnungszeiten täglich von 8.00 bis 18.00 Uhr

Familie Farmer-Rabensteiner vulgo Graf
8524 Bad Gams; Furth 8
☎ FAX +43 (0)3463/31 07
+43 (0)676/41 24 698 und (0)676/93 10 700
✉ farmer-rabensteiner@kuerbiskernoel.at
www.kuerbiskernoel.at
www.genusshof.com

Wer das Leuchten der Blauen Wildbachertraube in der milden Sonne des Schilcherlandes erlebt hat, weiß, was Genießen heißt

Weinerlebnis Deutsch-Maier

Blühende Rosen empfangen Sie am Beginn der Weingartenreihen der Familie Deutsch-Maier. Im Weingarten und Keller wird Ihnen der Jahreslauf „Von der Rebe bis zum Wein" erzählt. Im Garten vor dem alten weststeirischen Bauernhaus mit Ausblick auf den höchsten Berg des Schilcherlandes können Sie mit der Weinbäuerin die verschiedenen Weine verkosten, dazu werden Brötchen mit Aufstrichen und Geselchtem gereicht – und vielleicht auch ein Schnapserl?
Das 1769 errichtete Haus bietet in seinem Gewölbekeller mit Verkaufsstüberl Ab-Hof-Verkauf in gemütlicher Atmosphäre an. Die drei Winzerzimmer halten viel Platz für einen erholsamen Aufenthalt bereit.

Monika Deutsch

Wildbachberg 16
8524 Bad Gams,
☎ FAX +43 (0)3462/77 27
+43 (0)664/28 43 329
✉ weinerlebnis.deutsch-maier@aon.at
www.deutsch-maier-wein.at

Urtypischer Buschenschank

Dieses Haus bietet jedem, der Komfort in familiärer Atmosphäre schätzt, alle Voraussetzungen für einen gemütlichen Aufenthalt. Die hausgemachte Jause, frisch gebackenes Bauernbrot und eigener Wein erwarten die Gäste. Sollte der Abend einmal etwas länger gedauert haben, bieten Ihnen unsere Gästezimmer die ideale Übernachtungsmöglichkeit. Freilich stehen Ihnen unsere Zimmer auch ganzjährig für Ihren Urlaub in der Weststeiermark zur Verfügung.
Der Buschenschank ist von Freitag bis Sonntag und an Feiertagen von 15.00 bis 23.00 Uhr für Sie geöffnet.

Buschenkank Orsl
Hinterleitenstraße 321 b
8530 Deutschlandsberg
☎ +43 (0)3462/84 02
www.buschenschank-orsl.at

Buschenschank Orsl
Wildbach | Weststeiermark

Kein Fest ohne Blasmusik –
auch bei den Schilchertagen

Besondere Schilcherspielarten

Inmitten der eigenen Weingärten liegt in der Nähe des Schlosses Wildbach das Weingut Koller. Die Passion dieses Weinbauern ist der Schilcher in seinen vielen Spielarten; gleichgepresst als Brillant, den Schilcher von trocken bis süß, Granat als Qualitätsrotwein, die Winzersekte Insieme aus klassischem Schilcher und Sabrilla halbtrocken.
Verkauf und Verkostungen mit steirischen Schmankerln sind das ganze Jahr über möglich und ein wahrer Genuss.

Schilchergut Koller

Feldbaum 35
8524 Bad Gams
☎ FAX +43 (0)3462/29 23
✉ schilchergut@koller-wein.at
www.koller-wein.at

Kunst · Kultur · Kulinarik

Gleich neben der Deutschlandsberger Kirche liegt das Theresas, ein gemütliches und engagiert geführtes Lokal, in dem die Grenzen zwischen Weinstube, Bierbeisl und Restaurant ineinander verschmelzen. Auf besonders gute Qualität (fritteusenfreie und glutamatfreie Küche!) mit kosmopolitischen Einflüssen legen der Patron Gerhart Poprask und seine Mutter Grete besonderes Augenmerk.

Öffnungszeiten: Di.–Sa. 10.00–24.00 Uhr,
So.–Mo. 17.00–23.00 Uhr

Theresas Eine ART
Gasthaus
Gerhart Poprask
Kirchengasse 4
8530 Deutschlandsberg
☎ +43 (0)3462/39 182

THERESAS
eine ART gasthaus

Wenn der Herbst die Weinblätter färbt, bereitet der Weinbauer seinen Keller auf den neuen Wein vor

Verwöhnen Sie Ihre Sinne im Schilcherlandgenusshof

Bereits in dritter Generation produziert das Frauentaler Weingut Hainzl-Jauk Schilcher, Edelbrände, Kernöl und Liköre mit viel Liebe und Hingabe. Tradition und Moderne ist die feine Philosophie, die hinter der Erfolgsgeschichte steckt. Und das spiegelt sich im neu geschaffenen Verkaufs- und Präsentationsraum wieder: Im „Genusshof" soll sich der Genießer wohlfühlen, sich rund um das Thema „Schilcher" – von der Rebe bis zum Wein und zum Destillat – informieren und mit Lust und Laune Spezialitäten der gesamten Region verkosten. „Feiern, erleben, verkosten, dischgarier'n" ist die Maxime und erhebt den Schilcherlandgenusshof gleichermaßen zu einem Ort der ständigen Begegnung im Herzen der Weststeiermark.

Weingut Hainzl-Jauk Schilcherlandgenusshof
Grazerstraße 231
8523 Frauental
☎ FAX +43 (0)3462/28 52
✉ kontakt@hainzl-jauk.at
www.hainzl-jauk.at
www.schilcherland-genusshof.at

Genießen zwischen alten Mauern

In der aus dem 11. Jahrhundert stammenden Burg Deutschlandsberg gibt es neben einem interessanten Museum – Arceo Norico – auch ein neurenoviertes, luxuriöses Hotel mit historischem Charme und einem exquisiten Gourmetrestaurant. Lassen Sie sich vom Hauben- und Sternekoch Karl C. Kollmann und seiner Lebenspartnerin und Sommelière Jasmin Vollmer verwöhnen!

Kollmann war über sechs Jahre Chefkoch von Johann Lafer auf der Stromburg. Die persönliche Freundschaft hat sich über Jahre erhalten, und so hilft der eine beim anderen hin und wieder aus.

Es werden Spezialitäten aus der nationalen wie auch der internationalen Küche serviert, großteils mit regionalen Zutaten, deren Lieferanten der Koch persönlich kennt.

Der Schilcher ist für Jasmin Vollmer „ein Wein mit Erlebniswert", und für die Sommelière ist der Blaue Wildbacher ein wahrer Verwandlungskünstler.

Burghotel Deutschlandsberg

Burgplatz 1
8530 Deutschlandsberg
☎ +43 (0)3462/5656-0
✉ info@burghotel-dl.at
www.burghotel-dl.at

Burghotel **** Deutschlandsberg

Aktives Schilcherland

Der Radsport hat in Deutschlandsberg lange Tradition. Mit der Eröffnung des Rad- & Bikezentrums rückt die Stadt ins Zentrum des österreichischen Radsportes. Die Weltradsportwoche, die jährlich Mitte August stattfindet, bringt Radsportler aus 28 Nationen nach Deutschlandsberg. Der Abschluss und Höhepunkt ist stets der Ölspurradmarathon.

Ende September, zur Zeit des Schilchersturms, werden in einem Riesenzelt neben dem Rathaus Spezialitäten aus Küche und Keller aus der Region serviert. Im Winzerdorf davor gibt es regionale Spitzenweine. Eröffnet wird dieses Riesenfest mit einem Trachtenumzug mit Musikkapellen, Trachtenmodeschau und vielen verschiedenen Volksmusikgruppen. Und auch Stars umrahmen dieses großartige volkstümliche Fest. Alle Jahre zu Jakobi, also rund um den 21. Juli, wird ein Flammenspektakel zu Ehren des heiligen Jakob abgehalten. Das Fest beginnt mit der Traktor-Oldtimer-Fahrt auf die Burg und dem Aufstellen der Klapotetz sowie der Burg in Flammen. Am Samstag steht der ganze Schilcherberg in Flammen mit einem Riesenfeuerwerk. Bei allen Buschenschänken und Gastrobetrieben wird für Unterhaltung gesorgt.

Tourismusverband Deutschlandsberg

Hauptplatz 34
8530 Deutschlandsberg
☎ +43 (0)3462/75 20
FAX +43 (0)3462/75 55
✉ tourismus@schilcherheimat.at
www.schilcherheimat.at

TOURISMUSVERBAND [SCHILCHER] heimat

Schilcher & Kernöl: Genuss in Rosé und Grün

Sobald Sie den herrlichen Duft des frisch gepressten Kürbiskernöls riechen und den schillernden Glanz des roséfarbenen Schilchers im Glas sehen, dann sind Sie richtig angekommen. Es gibt unglaublich viel zu erleben: Natur und Kultur, Tradition und Moderne, städtisches Flair und ländliche Beschaulichkeit bieten spannende Gegensätze und unerwartete Symbiosen – und das 365 Tage im Jahr.

Steirische Schilcherregion
Hauptplatz 34
8530 Deutschlandsberg
☎ +43 (0)3462/75 20
FAX +43 (0)3462/75 55
✉ office@schilcherregion.at
www.schilcherregion.at

Steirische Schilcherregion

Eines der Standbeine der Schilcherland-Bauern ist der steirische Ölkürbis

Wein & Käs – der Treffpunkt für Genießer

In unserer Gebietsvinothek finden Sie 200 Spitzenweine von über 50 weststeirischen Winzern. Als einmalige Kombination können Sie regionale Käsesorten aus Kuh-, Schaf- und Ziegenmilch mitverkosten. Die Termine der monatlich stattfindenden Wein- und Käseverkostungen zu verschiedenen Themen finden Sie auf unserer Website: www.weinundkaes.at.

Öffnungszeiten: November bis März: Mo.–Fr. 10.00–12.00 Uhr und 15.00–18.00 Uhr, Sa. 9.00–13.00 Uhr
Apri bis Oktober: Mo.–Fr. 10.00–12.30 Uhr und 16.00–19.00 Uhr, Sa. 9.00–13.00 Uhr

Wein & Käs

8530 Deutschlandsberg
Hauptplatz 31 (gegenüber dem Rathaus),
☎ +43 (0)3462/22 511
✉ office@weinundkaes.at
🌍 www.weinundkaes.at

Wein&Käs
Gebietsvinothek und Käsethek Deutschlandsberg

Wenn Sie das etwas Andere suchen!

Der urig, gemütliche Buschenschank Eckfastl ist in einem 300 Jahre alten weststeirischen Bauernhaus untergebracht. Drei gemütliche Stuben laden zum Verweilen ein, die Eckfastls verwöhnen Sie gern mit hausgemachten Schmankerln, Bauernbrot und Mehlspeisen und reichen dazu ein gutes Tröpferl Schilcher.
Eine Wohlfühloase für Ihren Urlaub mit 5 Komfortdoppelzimmern und 2 Ferienwohnungen ist unser Gästehaus Lisa. In Eckfastls Hofladen finden Sie ein großes Sortiment an steirischen Spezialitäten. Alles selbstgemacht – ein Genuss!

Eine der Einkunftsquellen des Schilcherlandes ist der Obstbau – Weichselanlage in Rassach

Klein, aber fein

Unter dem Motto „klein aber fein" und mit sehr viel Liebe zum Detail betreibt Familie Resch eine kleine Landwirtschaft in Trag, Hollenegg in der Sulmtal-Koralm-Region. Produkte ab Hof: Weststeirischer Schilcher, Weißburgunder, Rotwein, steirisches Kürbiskernöl, Knabberkerne, Apfelsaft, verschiedene Naturessigsorten, Traubenmarmelade: Herzlich willkommen!

Weinbau Resch

vulgo Bachhans
Trag 66
8541 Hollenegg
☎ +43 (0)664/91 64 804
✉ weinbau.resch@aon.at

1951 brachte Walter Kainz aus Voitsberg erstmals eine Schule für das steirische Hackbrett heraus – seither begann sich eine neue Art des Hackbretts zu verbreiten

Südliches Schilcherland

Zu diesem Gebiet gehören die Weinbaugemeinden Wies, Wernersdorf, Eibiswald und Pölfing Brunn. Großbauern mit einem kleinen „Weinriegel" sind hier die Wiege der Weinbautradition. Sie betrieben den Schilcheranbau meist zum Zweck der Selbstversorgung, von dem, je nach Tüchtigkeit des Bauern oder der Bäuerin, etwas weiterverkauft wurde. Die heutigen Weingüter entstammen diesen Betrieben, die meist nach wie vor noch einen anderen landwirtschaftlichen Zweig als Einkunftsquelle haben. Und genau das macht den Charme einer Region aus, wenn vielfältige Kulturen die Landschaft prägen im Gegensatz zu Monokulturen, die Landschaften veröden lassen.

Eine herausragende Persönlichkeit und auch bekennender Schilchergenießer war Hans Kloepfer. Seine Familie stammte aus dem schwäbischen Giengen an der Brenz und siedelte sich im ehemaligen Philip-Haus in Eibiswald an. Sein Vater, Johann Kloepfer, arbeitete dort als Wundarzt und Geburtshelfer. Nach der Volksschulzeit in Eibiswald (1873–1877) und der Gymnasialzeit im ersten k. u. k. Staatsgymnasium in Graz (1877–1885) studierte Hans Kloepfer von 1885 bis 1891 in Graz Medizin. Nach einigen Praktika betätigte sich Kloepfer in der Eibiswalder Praxis seines Vaters. Später zog er mit seiner Familie nach Köflach, wo er als Werksarzt tätig war. 1944 starb er an einem Herzinfarkt.

Im Kloepfermuseum in Eibiswald, das dem Gedenken an Hans Kloepfer gewidmet ist und neben vielen alltäglichen Dingen der damaligen Zeit, wie zum Beispiel einem Kleiderständer mit Hut und Mantel, sind vor allem Erinnerungen an sein Wirken: Auszeichnungen, Fotos, Briefwechsel mit berühmten Persönlichkei-

ten seiner Zeit und seine dichterischen Werke zu sehen.
Auch eine original übertragene „Rauchkuchl“ und ein „Auszugstüberl“ sind zu sehen, doch der Schwerpunkt der Sammlung ist altes Koralpenglas. Die Glasmacher in den Hütten der waldreichen Koralpe, die es bereits im 16. Jahrhundert gab, hinterließen Werkstücke, die uns noch heute in Erstaunen versetzen: Kobaltblaue Kelche, geschliffene Ferdinandsthaler Hochzeitsflaschen, Goldrubin-Flaschen und vieles mehr.

Wernersdorf

Emmauswinzer

Ein starkes Lebenszeichen dieser Region sind die Emmauswinzer. Auf Initiative von Johannes Jöbstl im Jahr 2001 haben sich einige benachbarte Weinbauern zusammengeschlossen und die „Emmauswinzer“ gegründet. Eine Kapelle aus dem Jahr 1993, künstlerisch gestaltet von , war der Namensgeber. Wein muss nach gewissen Kriterien gekeltert werden, doch das war den Weinbauern noch nicht genug, weshalb sie sich selbst noch strengere Regeln auferlegt haben. Die Grundlage bildet die heilige Zahl sieben. Jeder Weinbauer hat 77 Stöcke gepflanzt, die ohne Herbizideinsatz wachsen dürfen. Weiters darf der „Strecke“ – die Rebe an der der neue Wein wächst – nur sieben Augen haben. Es werden 777 Flaschen für einen wohltätigen Zweck gespendet und die Kommission, die das Etikett auswählt – immer eine Heiligendarstellung aus der Kapelle von Gerald Brettschuh –, besteht auch aus sieben Personen.
Eine kleine Geschichte zum Kapellenbau: Gerald Brettschuh, der Dorfschulmeister und auch der damalige Bürgermeister Roman Koinegg haben die Baufortschritte der Kapelle in jeder Phase genau mitverfolgt.

Als die Zeit der Innengestaltung kam, wurden die Fortschritte noch genauer verfolgt, beziehungsweise die Kreativität intensiv gefördert. So kamen sie denn eines Tages zum Schluss, als ewige Erinnerung an Ihre gemeinsamen Stunden eine Flasche edlen Schilchers in den Altar einzumauern: Was denn auch geschah. Der Schilcher ist auch heute noch im Altar, und die beiden Herren treffen sich regelmäßig zu einem Umtrunk.

Master of Schilcher

Hinter dem Begriff „Master of Schilcher“ verbirgt sich die Initiative von vier innovativen Winzerfamilien aus dem südweststeirischen Schilcherland. Sie bilden ein Netzwerk, das befruchtend für dessen Mitglieder ist und den gemeinsamen internationalen Auftritt ermöglicht. Zu ihnen gehören der Betrieb Jöbstl aus Wernersdorf, Heinzel-Jauk aus Schwanberg/Frauental, Jauk und Thomas Strohmaier, beide aus Pölfing Brunn.

Tradition und Leidenschaft

Das Weingut Müller liegt eingebettet in den sanften Hügeln am südlichen Ende der Schilcher-Weinstraße. Das Weingut wird als Familienbetrieb geführt. Nicht nur im Weingarten, sondern auch im Keller, von der Presse bis zur Vinifikation, ist die Sorgfalt eine Selbstverständlichkeit. Auf einer Weingartenfläche von acht Hektar reifen die Sorten Weißburgunder, Morillon, Sauvignon blanc, Muskateller und natürlich der Schilcher, die typischste Sorte der Weststeiermark, zu höchster Qualität heran. Der gute Boden und das sonnenreiche Klima bringen intensive, kraftvolle Weine hervor.

„Beim Weinmachen verbinden sich für mich Beruf und Hobby", so der Jungwinzer und Absolvent der Weinbauschule Silberberg Andreas Müller. „Ich kann mir nichts Schöneres vorstellen."

Bei einer ausführlichen Kellerführung mit anschließender Weinverkostung erzählt Ihnen die Familie Müller gern mehr von der Geschichte des Weins. Es gibt auch die Möglichkeit, die Weine im Weingarten zwischen den Rebstöcken zu verkosten.

Das Weingut Müller – ein Geheimtipp für Liebhaber guter Weine!

Weingut Müller

vulgo Wiedersilli
Gaißeregg 38
8551 Wies
☎ +43 (0)3465/4264
www.wiedersilli.at

Die Aromavielfalt der Weststeiermark genießen!

Als einer der jüngsten Familienbetriebe sind die Pauritschs spezialisiert auf den fruchtbetonten Ausbau der steirischen Aromasorten: Sauvignon blanc, Gelber Muskateller und natürlich der Schilcher gehören zu den „Paradesorten" des Weingutes. Auf einer Fläche von 6,5 Hektar werden die handverlesenen Trauben sorgfältig selektioniert, um dann von Kellermeister Stefan zu einem der 16 verschiedenen Qualitätsweine veredelt zu werden. Sein Motto: „Wein ist unsere Leidenschaft" – und so ist er auch einer der „Emmauswinzer"

Weingut Pauritsch
Kogl 29
8551 Wernersdorf/Wies
+43 (0)664/35 18 582
www.pauritsch.com

J&S

Im Österreichischen Wörterbuch ist der Klapotetz männlich, im Steirischen ist die Klapotetz weiblich, wohl abgeleitet aus „die Windmühl“

Ein echter Familienbetrieb

Der Riegelschneider wird als reiner Familienbetrieb geführt. Bis der Wein vom Weinstock in die Flasche gelangt, sind viele kleine Schritte nötig, die gemeinsam umgesetzt werden.
Der sandige, mit Lehm vermischte Boden, das fast schon mediterrane Klima, das ausgeglichene Verhältnis von Sonne und Regen sowie die kalten Nächte tragen zur besonders ansprechenden Mineralik dieses Schilchers bei.

Weinbau Erich und Karoline Spari

vulgoRiegelschneider
8551 Wernersdorf 43
☎ FAX +43 (0)3466/42 907
+43 (0)699/10 18 81 88
✉ office@weinbau-spari.at

Der Erlebnisbuschenschank

Erholung, Genuss und Spaß bietet der gemütliche Buschenschank mit seiner Lage mitten in den Weinbergen nahe Eibiswald. Er bietet Platz für all Ihre Feierlichkeiten oder für einen erholsamen Besuch bei einem Glas Wein und einer guten Jause – sowohl in unserem einladenden großen Garten wie auch in unserer rustikal eingerichteten Gaststube. Genießen Sie den Schilcher und eine herrliche Aussicht auf Eibiswald und das Schilcherland.

Für die Qualität der Weine ist Jungwinzer Josef Haring zuständig. Mit seinem sicheren Gefühl fürs Keltern hat er nunmehr die Auszeichnung „Jungwinzer" der Steiermärkischen Sparkasse in der Kategorie Schilcher erhalten.

„Mit offener Nase durch die Welt"
Josef Haring

Öffnungszeiten:
Do.–So. und an Feiertagen
ab 14.00 Uhr

Haring
vulgo Pichlippi
Hörmsdorf 48
8552 Eibiswald
☎ +43 (0)3466/42 381
✉ info@pichlippi.at
www.pichlippi.at

HARING
vulgo Pichlippi

Jöbstls Schnürlwein, ein aromatischer Süßwein, wird – nach mindestens zweimonatiger Trocknung an einem luftigen Ort – gepresst

Sinnlich & beeindruckend

Der Stil des Weinguts Jöbstl und die Identität des Jahrgangs, vereint zu immer neuen Facetten, spiegeln sich in einer beeindruckenden Weinvielfalt wider und lassen Genuss zum sinnlichen Erlebnis werden. „Am Schilcherberg 1" thront in beeindruckender Architektur „Jöbstls Schilcherei". Ein wahrer Weinkulturtreffpunkt und der erste Schritt in Richtung sinnlicher Weingenüsse. Vom duftig strahlenden Muskateller über eleganten Sauvignon blanc, fruchtigen Zweigelt und dicht samtigen Blauen Wildbacher bis zum einzigartig rubinroten Schnürlwein spannt sich der Bogen der hier angebotenen Qualitätsweine.

„Ohne Begeisterung ist noch nie etwas Großes geschaffen worden."
Ralph Waldo Emerson

Schilcherei® Ing. Hannes & Luise Jöbstl
8551 Wernersdorf
Am Schilcherberg 1
☎ +43 (0)34 66/43 210
✉ info@joebstl.eu
www.joebstl.eu

Jöbstl
AM SCHILCHERBERG 1

Erlebnis Wein

Seit 20 Jahren sind wir spezialisiert auf den fruchtbetonten Ausbau des steirischen Weins: Den Schilcher in all seinen Facetten von klassisch über duftig bis lieblich ausgebaut, aber auch als Schilcher Frizzante veredelt. Auch unser Blauer Wildacher, im Barrique ausgebaut, wurde mit zahlreichen Auszeichnungen gewürdigt. Spezielles Muss auf Ihrer Verkostungstour bei uns ist der Gelbe Muskateller, der mit seiner wunderbaren Frucht zu begeistern weiß. Rufen Sie uns an und vereinbaren Sie mit uns einen Termin.

Margaretha und Thomas Strohmaier

Brunn 41
8544 Pölfing-Brunn
☎ +43 (0)3465/23 22
+43 (0)664/45 13 945
www.strohmaier.schilcher.com

Wer heftige Gewitter liebt,
ist in der Steiermark immer
gut aufgehoben

Das Wohlfühl-Weingut

Auf der Sonnenseite gelegen, inmitten der malerischen, üppigen, südweststeirischen Hügellandschaft, ist schon allein der Logenblick auf die unvergleichlich beeindruckende Natur atemberaubend. Der Peiserhof ist mehr als Weingut und Feriendomizil – er vermittelt Lebensstil. Ankommen, abschalten und sich eine Auszeit gönnen, schlichtweg genießen in familiärer Atmosphäre mit qualitätsvollen Weinen und regionalen Köstlichkeiten. Peiserhof-Weine werden mit größter Sorgfalt, nach alter Tradition und mit hoher Wertschätzung gegenüber der Natur vinifiziert. Die Konzentration auf das Wesentliche garantiert unverfälschten, authentischen Genuss. Vielfach prämiert, bundesweit und international, stellt sich ein Weinprogramm dar, dessen erklärtes Ziel es ist, dem Weingenießer eine ebenso außergewöhnliche wie komplexe Geschmackswelt zu bieten.

Peiserhof Familie Strohmeier
Haiden 50
8552 Eibiswald
☎ +43 (0)3466/42 414
✉ info@peiserhof.at
www.peiserhof.at

Peiserhof
PEISERHOF
Weingut
Winzerzimmer
Ferienwohnungen

„Tradition ist nicht die
Anbetung der Asche,
sondern das Weitergeben
des Feuers."
Gustav Mahler

Paradiesische Verführer

Die Jöbstls bemühen sich um die Bewahrung des reinen Geschmacks aus der Natur. Für sie ist Wein als Ausdruck von Stil und Kultur auch Sinnbild von Lebensfreude.

Der Schilcher der Jöbstls setzt typisch grasig-beerige Akzente auf feintraubigem Fruchthintergrund. Lebendig animierend umspielt er den Gaumen, um in einem vollfruchtigen Finale auszuklingen.

Martin & Linde Jöbstl vulgo Stari
Aibl 8
8552 Eibiswald
☎ FAX +43 (0)3466/43 966
+43 (0)664/28 67 499
info@joebstls.at
www.joebstls.at

Wo man singt, da lass dich ruhig nieder – musiziert wird hier mit der typischen Knopferlharmonika

Wein ist unsere Vorliebe ...

... Geschmack im Glas unser Ziel – Erfolg das Ergebnis! – So lautet unser Leitspruch.

Unser Familienbetrieb liegt im südlichen Schilcherland. Seit 1983 wird auf unserem Hof Wein gekeltert. Neben unserer Hauptweinsorte, der Blauen Wildbacherrebe (Schilcher), produzieren wir alle klassischen Weißweine der Steiermark, Blauen Zweigelt ebenso wie Sekt und Frizzante. In unserer Produktpalette finden sich auch hervorragende Edelbrände, Fruchtsäfte und das echte steirische Kürbiskernöl. In einem gemütlichen Präsentations- und Verkaufsraum haben Sie die Möglichkeit, diese Produkte zu verkosten, zu genießen und zu erwerben.

Weingut Jauk Melanie und Christian Jauk
Brunn 45
8544 Pölfing-Brunn
☎ +43 (0)3465/24 43
+43 (0)664/18 18 747
✉ christian@jauk-wein.at
www.jauk-wein.at

Rund um den Schilcher

Für das Schilcherland als landwirtschaftlich nutzbares Gebiet gilt der Anbau von Spezialitäten aus der Region als wichtiges Standbein der Wirtschaft.

Kürbis

Der Kürbis gehört zu den Kürbisgewächsen (Cucurbitaceae) und ist im Grunde eine Beere. Es gibt weltweit über 90 Gattungen und über 1000 Sorten! Der steirische Ölkürbis ist etwas ganz Besonderes. Durch eine Verlustmutation haben die Samen die Schale verloren und bilden nur mehr ein grünes Häutchen aus, das dem Öl seine charakteristische Farbe gibt.

Ausgrabungsfunde beweisen, dass es schon um 9000 v. Chr. in Süd- und Zentralamerika Kürbisse gegeben hat. Der Kürbis war aber zu diesem Zeitpunkt noch bitter, doch durch geduldiges Züchten konnte man im Lauf der Jahrtausende die Bitterstoffe eliminieren. Man vermutet, dass Christoph Kolumbus oder eine seiner Gefolgstruppen den Kürbis um 1500 n. Chr. nach Europa gebracht hat. Der verstärkte Anbau des Kürbisses findet allerdings erst seit Mitte des 20. Jahrhunderts statt.

Das Kürbisfleisch hat ähnlich der Gurke einen enorm hohen Wassergehalt, viele Vitamine (A, B1, B2, C), viele Ballaststoffe – sie sind gut für die Verdauung – und viele Mineralstoffe (Kalium, Calcium, Magnesium, Eisen) halten den Blutdruck in Ordnung. Ätherische Öle und Geschmacksstoffe machen den Kürbis für viele Gerichte verwendbar.

Die Kerne haben einen Fettgehalt von 35 bis 50 Prozent, einen Eiweißgehalt von 30 Prozent und enthalten die Vitamine A, B, E sowie Zink, Magnesium, Eisen, Phosphor und Selen. Der Konsum der Kerne beugt Prostataleiden vor und

Der Jagawirt Werner Goach (re.) mit seiner reichen Ernte

die enthaltenen Phytosterole sind unter anderem für die Senkung des Cholesterinspiegels im Blut verantwortlich. Steirisches Kürbiskernöl eignet sich auf Grund seines überaus günstigen Fettsäuremusters – es enthält mehr ungesättigte Fettsäuren als Olivenöl –, des hohen Gehalts an Vitamin E, der vielfältigen Mineralstoffe und des Fehlens von Cholesterin als gesundes, natürliches Lebensmittel zur Vorbeugung von Herz-Kreislauf-Erkrankungen. Außerdem sind Kürbiskernöl und Kürbiskerne ein bewährtes Heilmittel gegen alle Beschwerden der Blase und der Prostata.
Der steirische Ölkürbis gedeiht wie alle seine Kürbisverwandten am besten in einem warmen und gemäßigten Klima. Die sanften Hügel der Weststeiermark mit ihrem illyrischen Klima bieten diesem empfindlichen Gewächs die optimalen Wachstumsvoraussetzungen. Auf einem Hektar erntet man bis zu 10.000 Ölkürbisse, die 400 bis 900 Kilogramm Kerne enthalten. In einem Ölkürbis sind 400 bis 700 Kerne, das entspricht einem Gewicht von 60 bis 90 Gramm. Wurde früher das Kürbiskernöl noch mit der Hand ausgeschlagen, so blieb heute nur die Berufsbezeichnung des Ausschlägers davon übrig, der freilich das Öl mit hydraulischen Pressen gewinnt.

Kastanie

Wenn man beim Schilcher vom „typisch weststeirischen Wein" spricht, so muss man wohl die Edelkastanie als „typisch weststeirischen Baum" bezeichnen. Grundsätzlich trifft auch in der Weststeiermark die alte Weisheit zu. „Dort, wo der Wein wächst, gedeiht auch die Edelkastanie", doch in dieser Region sind die beiden eine besondere Symbiose eingegangen. Denn im Frühsommer duften die blühenden Kastanienwälder und geben einen Vorgeschmack auf den Kastanienhonig. Und im Herbst trifft man an jeder Ecke des Schilcherlandes auf Kastanienbrater und Schilchersturm.
Ursprünglich stammt die Edelkastanie mit großer Wahrscheinlichkeit aus dem westlichen Kleinasien, dies kann jedoch nicht mehr mit Sicherheit festgestellt werden. Die Menschen erkannten recht früh die enormen Vorteile der Edelkastanie, und so beschäftigten sich zuerst die Griechen und anschließend auch die Römer intensiv mit der Vermehrung und Veredelung der Edelkastanie. Sowohl nach Österreich als auch in die Steiermark wurde die Edelkastanie durch die römischen Feldzüge gebracht. Schnell entwi-

ckelten sich die Früchte dieses Baumes zu einem Volksnahrungsmittel, da sie nicht nur enorm gesund und nährstoffreich, sondern nach der Trocknung auch sehr lang haltbar sind. Die Edelkastanie wird auch deshalb in vielen Kulturen heute noch als „Brot der Armen" bezeichnet. Erst Ende des 17. Jahrhunderts wurde sie durch die Einführung der Kartoffel als Volksnahrungsmittel abgelöst. Anfang des 20. Jahrhunderts tauchte ein neuer Feind der Edelkastanie auf: Der Kastanienrindenkrebs, eine zerstörerische Pilzkrankheit, vernichtete die nordamerikanischen Bestände fast vollständig. 1938 tauchte dieser Pilz auch erstmals in Europa auf und dezimiert seither die Baumbestände in vielen europäischen Ländern. Bis heute konnte noch keine wirkungsvolle Schutzmaßnahme gegen die Ausbreitung dieser Krankheit gefunden werden. Trotz der dadurch entstandenen dezimierten Baumbestände blieb aber die Nachfrage nach Edelkastanien ungebrochen. Dies erkannte auch Markus Klug, der vor etwa 20 Jahren mit der Anlage seiner ersten Kastanienplantage begann. Somit konnte er die für den Weinbau weniger geeigneten Osthänge seines Weingutes sehr gut nutzen, da das Klima und die nährstoffreichen Böden am Fuße des Reinischkogels ideale Voraussetzungen für die Edelkastanie bieten. Das sieht man auch an der hohen Dichte an natürlich vorkommenden Kastanienbäumen in den Mischwäldern dieser Region. Damit stellt die Edelkastanie im großen Puzzle der Einzigartigkeit des Schilcherlandes einen unverzichtbaren Teil dar.

Käferbohne

Die Käferbohne ist ein ursteirisches Über-Lebensmittel. Sie gab der Bevölkerung in den kargen Wintermonaten zusammen mit dem Sauerkraut die benötigte Energie und Vitamine. Auch heute noch ist sie auf jeder Buschenschank-Jausenkarte zu finden.

Typisch weststeirisch: Die Edelkastanie, die zur gleichen Zeit reift wie der junge Schilcher Wein

Tipps

- Püree gelingt am besten, solange die Käferbohnen noch heiß sind.
- Verzehre die Käferbohnengerichte rasch, denn die Haltbarkeit beträgt nur ein paar Tage.
- Das Einfrieren von fertigen Bohnengerichten reduziert die blähenden Folgen fast völlig.
- Ist dir das Bohnenkochen zu aufwendig? Man bekommt die Käferbohnen auch bereits in gekochter Form, um sie dann umso einfacher weiterverarbeiten zu können.

Die Zubereitung der Käferbohne

- Wasche die Käferbohnen gründlich mit weichem oder abgekochtem Wasser.
- Weiche die gewaschenen Bohnen am besten über Nacht in lauwarmem, abgekochtem Wasser ein (nimm die dreifache Wassermenge im Verhältnis zu den Bohnen).
- Verwende das Einweichwasser zum Kochen der Bohnen, denn damit bleiben Mineralien und Vitamine, die durch das Quellenlassen ins Wasser abgegeben wurden, größtenteils erhalten.
- Koche die Bohnen nur einmal kurz auf und lass sie dann auf kleiner Flamme weich dünsten, so bleiben die meisten Inhaltsstoffe erhalten und der Geschmack wird intensiver.
- Achte darauf, dass die Bohnen mit genügend Wasser bedeckt sind, sonst werden sie ungleich gekocht!
- Füge eine Prise Zucker und etwas Bohnenkraut, oder 1–2 Lorbeerblätter hinzu, das verringert die blähende Wirkung von Bohnen.
- Salze erst am Ende der Kochzeit, denn Hülsenfrüchte bleiben durch das Salz beim Kochen länger hart.

Die Käferbohne beziehungsweise Feuerbohne ist eine rankende, krautige Pflanze, die bis zu fünf Meter hoch werden kann. Die Prunkbohne, so wird sie auch noch genannt, wurde im 17. Jahrhundert aus dem tropischen Armerika nach Europa gebracht. Da sie Kälte besser toleriert, ist sie eher in Nord- als in Südeuropa anzutreffen. Die fettarme Käferbohne enthält in großen Mengen Vitamin B, aber auch Ballaststoffe, Mineral- und Spurenelemente. Sie zeichnet sich auch durch einen hohen Eiweißgehalt aus. Das macht sie nicht nur für Vegetarier zu einem vollwertigen Fleischersatz.

Kirsche

Beinahe jede Obstsorte wächst in den paradiesischen Obstgärten der Weststeiermark. Das Klima, die Böden und der optimale Tag-/Nacht-Temperaturwechsel lassen Obst von besonderer Güte heranreifen.

Geschichte und Tradition

Die Süßkirsche (prunus avium) stammt von der im Kaukasus wild vorkommenden Vogelkirsche ab. Kultiviert wurden die Kirschen in Kleinasien am Schwarzen Meer.

100 g Süßkirschen enthalten in etwa 78 g Wasser, 1,2 g Eiweiß, 1 g Fett, 16,5 g Kohlenhydrate und 2,3 g Ballaststoffe. An Spurenelementen und Vitaminen sind etwa 15 mg Kalzium, 0,4 mg Eisen, 21,4 RE Vitamin A sowie 7 mg Vitamin C enthalten. Salicylsäuregehalt 0,85 mg sowie die Mineralstoffe Kalium, Kalzium, Magnesium, Phosphor, Eisen und Kieselsäure.

Aufgrund der ausgewogenen Inhaltsstoffe ist die Kirsche fast schon eine kleine Apotheke. Sie hilft gegen Muskelkater, stärkt die inneren Organe und Knochen, sie ist entzündungshemmend, senkt Cholesterin- und Insulinspiegel, fördert die Verdauung, wirkt ent-

wässernd und enthält sogar einen schmerzstillenden Wirkstoff. Und unsere deutschen Nachbarn haben das Kirschkernspucken zum Sport gemacht: Auch sehr gesund!
Einer Tradition folgend, schneiden heiratswillige Mädchen am 4. Dezember, dem Tag der Heiligen Barbara, Kirschzweige ab und stellen sie in eine Vase. Brechen die Knospen noch vor Weihnachten auf und blühen, geht im nächsten Jahr der Herzenswunsch in Erfüllung. Besondere Beliebtheit erlangte in der Weststeiermark die Hitzendorfer Kirsche, die in Graz mitsamt den Tragekörben verkauf wurden. „Die Hitzendorfer verkafn die Kärschn mitsamt die Karbln" ist noch heute ein bekannter Ausspruch! Mitte Juni findet in Hitzendorf das jährliche Kirschenfest statt, bei dem alle Produkte rund um die Kirsche angeboten werden. In Japan hat das Kirschblütenfest seit jeher große Tradition.

Die landschaftliche Kulisse

Die Einheimischen wissen von der Schönheit ihrer Landschaft. Und auch ihre Gäste entdecken gerade die Vorteile der Weststeiermark. Aber die Filmbranche ist seit den letzten paar Jahren fast schon verrückt nach dieser Landschaft und dem, was hier geboten wird. Das Schilcherland bietet eine ehrliche und „unverbrauchte" Kulisse für die unterschiedlichsten Genres. Die Vorzüge liegen auf der Hand: Eine abwechslungsreiche Landschaft mit Weingärten, Obstanlagen, Äckern, Wäldern und Bergen auf so kleinem Raum kann keine andere Region bieten. Monokulturen, welcher Art auch immer, sind für den Betrachter langweilig und natürlich auch für einen Film. Die Kontakt der Filmteams zu den Weststeirern ist unkompliziert, sind doch die Einheimischen sehr hilfsbereit und aufgeschlossen. Und so fühlt sich die Filmbranche in dieser Region sehr wohl. An drehfreien Tagen, fernab der Heimat, gibt es vor

Blumenschmuck und Bauerngartl – Bauernhof Wagner in Greisdorf

Ort viel zu entdecken und zu genießen. „Wüsste ich, dass ich ein bis zwei Filme jedes Jahr im Schilcherland drehen könnte, würde ich mich sofort hier niederlassen", sagt einer, der es wissen muss. Thomas Vögel ist Location-Scout, sprich Motivsucher für Filmproduktionen der Ziegler Film. Der Vorarlberger hat bereits zwei Filme hier gedreht. „Der Winzerkrieg" mit Uschi Glas und August Schmölzer, einem gebürtigen Steirer, und „Hannas Entscheidung" mit Christine Neubauer und Edgar Selge. Der Name „Schilcherland" für diese Region ist für ihn logisch: „Der Begriff Weststeiermark ist für mich als Vorarlberger Murau oder Schladming und nicht das Schilcherland", sagt Vögel.

Weiters wurde im Schilcherland der Lilli-Schönauer-Film „Für immer und einen Tag" gedreht. Und „Das Glück dieser Erde" mit Eva Herzig spielt in Piber.

Einer, der die Vorzüge dieses Landes kennt und der mit dem Schilcher aufwuchs, ist Andreas Kiendl. Er hat auch seine persönliche Liebeserklärung an den Schilcher parat (siehe Seite 171).

Blumenschmuck(e) Weststeiermark

Die Chronik berichtet, dass in der Steiermark bereits vor der letzten Jahrhundertwende einige Versuche unternommen wurden, durch einen Blumenschmuckbewerb zur Verschönerung der Orte beizutragen. Wie in der Monatsschrift der damaligen k.k. Gartenbaugesellschaft zu lesen ist, scheiterten alle Versuche an der Interesselosigkeit der Bevölkerung. Sie hatten damals wohl andere Sorgen. Im Jahre 1959 wurde aus Anlass des Erzherzog-Johann-Gedenkjahres im Zusammenhang mit anderen Aktionen zur Ortsverschönerung erstmals wieder ein Blumenschmuckbewerb

Mein Schilcher

Von Andreas Kiendl*

Zuallererst die pure Frische, das angenehm kühle Gleiten der Flüssigkeit in die Mundhöhle, eine herbe Woge, die alles Müde wegspült und dann – bumm – Beeren, Säure, Alkohol, die aufreizende Farbe, der Geruch … Sinnesfreuden eben.

Nach diesem ersten erinnerten Schluck beruhigen sich Puls und Bewusstsein, als ob man sich nach einem längeren Spaziergang durch die Weststeiermark soeben auf eine Holzbank in einer schattigen Laube beim Buschenschank gesetzt hat und erst einmal durchschnauft. Ahhh!

Buschenschank!

Faulenzer, der ich bin, auch Raucher, auch Naturmensch, liebe ich ihn!

Und das frohlockende Gedächtnis erzeugt weitere Bilder: die Brettljause! Perfekte Begleiterscheinung des Schilchers und Rettungsanker in der Not! Fleisch, Wurst, Brot, Kren, Gurkerl, ein kulinarischer Kosmos, der den Schilcherreisenden in Galaxien führt, die nie ein Mensch zuvor …

Erneutes Ahhh!

Nachdem der erste Durst gestillt und mir beim Schreiben das Wasser im Mund zusammengelaufen ist, kann sich meine Erinnerung den feinsinnigeren Assoziationen mit dem schönen Schilcherwein widmen:

Frühling. Der Schilcher passt für mich zum Frühling, obwohl man ihn natürlich ganzjährig genießen kann. Erstens einmal kommt der „Neue" um diese Zeit, zweitens natürlich Ostern. Mein persönliches Lieblingsfest. Die Erde wacht auf, alles riecht, grünt, blüht. Trinkt. Lebenslust macht sich breit.

Im Sommer ist natürlich die Schilchermischung ein weitverbreitetes Phänomen in der Steiermark, woanders heißt sie „Schilchergspritzter" oder gar „saure Schilcherschorle". Kann ich sehr gut verstehen.

Und erst der Herbst! Die Weingärten duften schon ab August fruchtig, die Trauben blitzen von weitem durchs grüne Laub. Herb und voll ist das. Und oft auch steil.

Darum schmeckt nach der Weinlese der Schilcher auch besonders gut. Es folgt der in der Weststeiermark ganz besonders gefährliche Spätherbst, weil da oft ein strenger Schilchersturm braust.

Wenn es kalt wird und die Menschen sich und alles andere einwintern, bleibt dann nur noch die Frage, wie lange er denn reicht, der Schilcher, mit dem man sich ab und zu die warme Zeit ins Gedächtnis holt. So wie ich das jetzt getan habe. Prost!

* Andreas Kiendl ist vor allem als Darsteller des Kommissars in der Krimi-Serie „SOKO Kitzbühel" bekannt geworden. Was die wenigsten wissen: Der 1975 Geborene ist Sohn einer Schilcherbauernfamilie aus Deutschlandsberg!

Botschafter des Schilcherlandes – an jedem Ende der Rebenreihen steht ein Rosenstock

ausgeschrieben. Reglement und Zielsetzung kamen aus Frankreich. Sie wurden für die Steiermark überarbeitet und waren Basis für den Aufbau des Blumenschmuckbewerbes, den es nun seit über 50 Jahren in der Steiermark gibt.
Dieser hat in allen Bevölkerungskreisen ein überraschendes Echo gefunden und ist deshalb zu einer bleibenden Einrichtung des Landes geworden. Mit fast 350 teilnehmenden Gemeinden und mehr als 38.000 Einzelteilnehmern ist der Blumenschmuckbewerb zu einer richtigen Volksbewegung geworden. In einem friedlichen Wettstreit haben alle Blumen- und Gartenfreunde, Dörfer, Märkte und Städte Gelegenheit, in aktuell neun voneinander unabhängigen Disziplinen teilzunehmen. Zu diesem Heer an Teilnehmern, die viel in den eigenen Wohnbereich investieren, um das Ortsbild und damit ihre Heimat zu verschönern, kommen noch eine große Anzahl an Idealisten aus dem ganzen Lande, die sich ehrenamtlich mit der Durchführung des Wettbewerbes befassen.
Zu den Zielsetzungen gehörten damals wie heute die Gestaltung der Landschaft mit Blumen, Sträuchern und Bäumen, unter Einbeziehung der Bevölkerung. Der Blumenschmuckbewerb ist eine Initiative für eine Verbesserung der Lebensräume in Stadt und Land. Dazu gehören vor allem die Wahrung der dörflichen Strukturen, die Sicherung der alten Bausubstanz und die standortgerechte Bepflanzung mit Blumen und Sträuchern.
Bei der „Entente Florale", dem übernationalen Blumenschmuckbewerb, konnte die Stadt Deutschlandsberg 2009 Silber und der Markt Mooskirchen sogar Gold erringen.
In nahezu jeder Gemeinde an der Schilcherstraße findet man Initiativen zum Blumenschmuck und private Häuser als Preisträger. Die schmucken weststeirischen Bauernhäuser eignen sich ganz besonders dafür. Die schönste Zeit der Blumenblüte, das ist auch die Zeit, in der die Bewertungen stattfinden, ist der Juli.

Die größten Auszeichnungen gingen bereits ins Schilcherland

- die schönste Baumschule und der schönste Gewerbebetrieb
- die schönsten Städte: Voitsberg, Köflach und Deutschlandsberg
- die schönsten Märkte: Frauental, Mooskirchen und Ligist
- das schönste Dorf: St. Peter im Sulmtal

Der Jahreslauf
im Schilcherland

Schilchergenuss im „Joahrlauf"

Den Schilcher oder eine Spielart des Schilchers kann man das ganze Jahr über genießen. Allein, zu zweit oder gemeinsam in privater Runde. Die Weststeirer sind aber ein sehr geselliges Volk und haben sich viele Feste zum gemeinsamen Schilchergenießen einfallen lassen. In lustiger Runde, oft mit zünftiger Musik und schmackhaftem Essen, genießt der „Schilcherländer" am liebsten seinen Wein. Aber nicht nur Einheimische schätzen die Feste, sonder auch die Gäste dieser Region, die schnell mit einem Weinbauern oder Schilchertrinker ins Gespräch kommen, bei dem meist fachgesimpelt wird: „Dischgerieren" nennen die Weststeirer diese oft tiefsinnigen Gespräche. Auch „Servas", eine Begrüßungsformel für „Duzer" und „Siezer" gleichermaßen ist allzeit angebracht. Wenngleich das unsteirische „Hallo" stark verbreitet ist, bleibt der Steirer lieber beim Servus/Servas! Überhaupt hat der Weststeirer etwas gegen Anglizismen, weshalb er lieber das deutsche Wort Genuss verwendet als das „denglische" Wort „Wellness". Ist ja auch ganz etwas anderes!

Sogar der Jahreslauf ist bei den Schilcherbauern anders als bei allen anderen. Das Schilcherjahr beginnt nämlich mit der Ernte des Schilchers im Oktober. So beginnen auch die Feste rund ums Ernten, der Erntedank, im Oktober.

Oktober

Das erste Oktoberwochenende ist für viele Gäste und Bewohner der Region bereits ein Fixtermin, um gemeinsam in Eibiswald die Weinlese und den Erntedank zu feiern. Den Auftakt des Festes bildet der Erntedankumzug. Oldtimer-Traktoren ziehen die zu verschiedenen Themen geschmückten Festwagen zum Hauptplatz des Kloepfermarktes, wo sie sich einer Jury zur Bewertung vorstellen. Tanz- und Musikgruppen mit Fahnenschwingern begeistern

die Festgäste mit ihren Vorführungen. Auch für die Kinder gibt es einiges zu erleben. Kutschenfahrten, Reitpferde, Klettern auf der Kletterwand und Malen bereiten ein buntes Nachmittagsvergnügen, während die Eltern die eigens für das Fest kreierte Schilchercuvée verkosten Der Sonntag vor der Heiligen Theresa ist in der Steiermark häufig der traditionelle Erntedanksonntag. An diesem Tag wird der Wein für den Emmauswein in Wernersdorf gelesen. Unter Publikumsbeteiligung wird er dann mit den Füßen – wie in alten Zeiten – getreten und gepresst. Dazu gibt es Sturm, Kastanien, Musik und vieles mehr. Dieses Fest ist das erste einer Festwoche, bei der jeden Tag bei einem anderen Emmauswinzer ein Fest stattfindet. Weiters findet am zweiten Oktoberwochenende das Lesefest „Winzern" in Stainz statt.

November

Im November ist schließlich die Ernte eingebracht, und die Weine beginnen in den Kellern zu gären. Bei einigen Weinbauern gibt es am Martinitag schon den ersten neuen Wein. Er trägt meist die Bezeichnungen „Junker" oder Schilcher-Jungwein. Natürlich sind diese Weine noch nicht vollkommen gereift, aber man kann schon einen kleinen Eindruck vom neuen Jahrgang bekommen.
Ein besonderes Fest findet um diese Zeit im Schloss Stainz statt. Die Dorfwirte und die Junker-Bauern laden bei Musik zur Verkostung des neuen Weins, und auch die Gaumenfreuden kommen bei diesem Anlass nicht zu kurz.

Dezember

Im Dezember gibt es einen eigenen Weinbauern-Feiertag, den Johannistag, das ist der vierte Weihnachtsfeiertag: der 27. Dezember. Nichtsdestotrotz wird er in fast jeder Weinbaupfarre gefeiert. Eine

Die Emmauswanderung im Rahmen des HansTAG in Wernersdorf

über 30-jährige Tradition hat die Johannisweintaufe im Schloss Stainz. Nach der Messe um 10.00 Uhr laden die Weinbauern die Bevölkerung und natürlich auch die Gäste zur Johannisweinverkostung. Nach einer ausführlichen Jahrgangsbeschreibung von Schilcherprofessor Kurt Nikodem-Eichenhard darf der gesegnete Wein im Refektorium zu Käse und Brot verkostet werden.
Der „HansTAG" in Wernersdorf läuft etwas anders ab: Treffpunkt ist am 27. Dezember in der Emmauskapelle in Wernersdorf. Nach der Messe wandern die Messbesucher von einem Weinbauern zum anderen. Bei jedem bekommt man den neuen Schilcher zu verkosten und auch etwas zu essen: Beim ersten die Vorspeise, beim nächsten die Suppe und dann das Hauptgericht und so fort. Dieser Weg ist natürlich das ganze Jahr zu begehen.

Jänner und Feber

Der Jahresanfang ist für die Schilcherbauern eine etwas ruhigere Zeit. Auch die Weinbauern brauchen einmal Ruhe oder sie frönen einem anderen „Sch", dem Schifahren!

März

Spätestens im März haben es die Schilcher-Weinbauern wieder „gneadig". In Stainz beginnt der Stainzer Weinfrühling. Das ist ein Veranstaltungsbogen rund um Wein, Kultur, Brauchtum und Kulinarik. Ein Veranstaltungsreigen wird von März bis Ende Juni angeboten mit vielen interessanten Festen und Verkostungen sowie Kräuterkunde, Genuss-Erlebnissen und vielem mehr.
Am 19. März, dem Bauernfeiertag in der Steiermark, gibt es in Schwanberg eine regionale Schilcherpräsentation, bei der auch der Josefi-Wein zu Ehren des steirischen Landespatrons gekürt wird. Von acht Sulmtal-Koralm-Gemeinden haben sich Weinbauern aus Hollenegg, dem Kurort Schwanberg und St. Peter im Sulmtal zusammengefunden und schenken den Josefi-Wein aus, der mit einer grün-weißen Banderole versehen wird und als Werbeträger für die Region gilt.

April – Ostern

Im Rahmen des Stainzer Weinfrühlings sind im Hof des Stainzer Schlosses am ersten Wochenende im April die Weingasthöfe mit über 70 Winzern und Edelbrennern vertreten. Bei frühlingshaften Temperaturen kann man kulinarische Leckerbissen und die neuen Weine genießen.In den April fällt auch meist die Osterzeit. Ein Brauch in der Weststeiermark ist das Osterfeuer-Heizen, beziehungsweise das Aufstellen von Osterkreuzen. Beide Bräuche weisen auf die Auferstehung Jesu Christi hin. Während die Osterfeuer nur einen Abend lang brennen – in vielen Gemeinden gibt es auch dazu Feste – erstrahlen die Osterkreuze über eine Wochen lang jeden Abend bis zum Kleinostersonntag. Diese Kreuze sind weit verbreitet, in jeder Gemeinde erstrahlen vier, manchmal auch zehn Kreuze. Ursprünglich wurden sie mit Kienspänen beheizt, die die ganze Nacht über ergänzt werden mussten. Das war die Arbeit der Burschen aus dem Dorf. Heute werden teils bunte Glühbirnen verwendet, die in mehr oder weniger komplizierten Anordnungen zum Leuchten gebracht werden.
Die Emmauswinzer, eine Gemeinschaft der in Wernersdorf ansässigen Schilcherbauern, keltern einen gemeinsamen Schilcher. Dieser Wein wird jedes Jahr am Emmaustag – dem Ostermontag – festlich präsentiert. Nach dem österlichen Böllerknallen wandern die Gläubigen in einer Sternwanderung zur Emmauskapelle, wo um 10.00 Uhr der festliche Gottesdienst stattfindet. Anschließend kann der Emmausschilcher verkostet und erworben werden.

Die traditionellen
Lebkuchenherzen dürfen
auf keinem Kirtag fehlen

Mein Herzbua
Sei brav

Mai

Zum Auftakt stehen im Mai die Feste rund ums Maibaum-Aufstellen. Kulinarisch spielt nun der Spargel eine Hauptrolle, der auch in dieser Region gut gedeiht. Kräuter, vor allem Wildkräuter, sind in dieser Zeit besonders kräftig im Geschmack. Geführte Kräuterwanderungen, wie von Gabi Kleindienst angeboten, machen Kräuterunkundige zu Kräuterkundigen.

Der Muttertag am zweiten Wochenende im Mai eignet sich ideal für einen Ausflug in die Schilcherheimat: Ein Muttertagsgeschenk, bei dem der Schenkende selbst auch auf seine Rechnung kommen kann.

Nach der Jahrgangspräsentation und der Vorstellung der jeweiligen Landessieger gibt es viele kleinere Veranstaltungen mit den Siegern und Finalisten, die meist in den ansässigen Gasthöfen offeriert werden.

Juni

In den Juni fällt auch meist der Fronleichnamstag. An diesem kirchlichen Feiertag werden die Prozessionswege besonders liebevoll hergerichtet. Bemerkenswert ist dieser Brauch in Deutschlandsberg, denn dort werden von den Schulen, den Lehrern und der Pfarrbevölkerung unzählige, aus gezupften Blüten und Gräsern gebildete Kunstwerke in Form von Blumenteppichen gestaltet. Empfehlenswert ist es, im Anschluss an die Prozession den Weg nochmals zu gehen – es ist eine unglaubliche Augenweide.

Aber nicht nur in Deutschlandsberg gibt es prachtvolle Blumenteppiche, sondern auch in anderen Gemeinden, wie Schwanberg oder Eibiswald. Ab Mitte Juni bis Ende August gib es in Wies ein Freiluftwohnzimmer, wo man sich kulinarisch verwöhnen lassen kann. Am Rosenkogel findet alljährlich das „Weisenbläsertreffen" mit einer Bergmesse mit zahlreichen Gästen statt.

Ein Publikumsmagnet ist am Pfingstsamstag und -sonntag das Schilcherstraßenfest in Aichegg/Hollenegg, wo neben volkstümlicher Musik, bodenständigem Handwerk und originellen Trachten der Schilcher und die kulinarischen Schmankerln der Schilcherbauern der Region im Mittelpunkt stehen.

Blumenteppiche zu Fronleichnam (linke Seite) und Blumenschmuck an den Häusern machen das Schilcherland zu einem Farberlebnis ohnegleichen

Juli

Um das Fest des Heiligen Jakobs herum werden im Schilcherland die Klapotetze aufgestellt. Ab Mitte Juli beginnen die ersten Trauben süß zu werden, und da versuchte man sei jeher die Vögel mittels Klappern der Klapotetze zu verscheuchen. Das Aufstellen ist wieder ein Anlass für viele Feste. Das größte dieser Feste ist seit zehn Jahren der „Schilcherberg in Flammen“. Arena für dieses Fest bildet die Burg Deutschlandsberg, von der aus man zwei Tage lang ein Jahr für Jahr spannender und imposanter werdendes Feuerwerk betrachten kann. Weiters wird der Schilcherberg – der nur zu diesem Fest diesen Namen tragen darf – mit Fackeln, Scheiterhaufen und hunderten bengalischen Feuern beleuchtet, wodurch der Eindruck entsteht, das Areal stünde wirklich in Flammen. Der echte Schilcherberg ist nämlich in Wernersdorf zu finden, aber anlässlich des Feuerwerks zum Jakobusfest wird der Berg in einem festlichen Akt von den Wernersdorfer Schilcherbauern verborgt, die als Dank dafür bei diesem Fest ihren Schilcher ausschenken dürfen.

Am zweiten Juliwochenende findet in der Stiftskirche in Stainz die „Styriarte“ statt. Das Musikfestival wird von Stardirigent Nikolaus Harnoncourt geleitet, er die besondere Akustik des Kirchenschiffes liebt. Er ist übrigens ein Nachfahre Erzherzog Johanns.

In der dritten Juliwoche veranstaltet der Wahlweststeirer und Autor R. P. Gruber jährlich einen mit hochkarätigen Literaten besetzten „Literatursommer“. Die Liebe des Schriftstellers zum Schilcher findet in vielen seiner Werke ihren Niederschlag. Neben literarischen Hochgenüssen wird auch meist mit den eingeladenen Literaten gemeinsam gekocht und gewandert. Auch gibt es einen speziellen Literatur-Schilcher.

August

Lange Nacht des Weins: Die Wieser Weinbauern laden Anfang August zu einem stimmungsvollen Abend mit Musik, Schilcher und kulinarischen Schmankerln ein.

Um den 15. August herum, dem Marienfeiertag, finden in Stainz jedes Jahr die „Schilchertage“ statt. Der Hauptplatz wird zur Fußgängerzone, in der Marktstände ihren Platz finden, die Kulinarisches wie Kunsthandwerkliches anbieten. Dieses Fest wird bereits seit beinahe 30 Jahren vom Stainzer Urgestein Erich Jud organisiert. Ein buntes Programm mit Konzerten der Blasmusikkapelle, einem Frühschoppen und unzähligen regionalen Gustostückerln wie dem Trachtensonntag der Volkstanzgruppe und vielem mehr bilden einen weit über die Grenzen hinaus bekannten Publikumsmagneten.

Auch die Weltradsporttage finden im August statt. Teilnehmer aus 28 Nationen tragen eine Woche lang im Schilcherland ihre Bewerbe aus. Den Höhepunkt bildet der abschließende Ölspurmarathon.

September

Am ersten Wochenende im September findet in Stainz ein dreitätiges Laufspektakel, der „Schilcher-Lauf“, statt. Nicht dass die Weststeirer drei Tage lang laufen würden, aber zum richtigen Laufgenuss gehören eben Vorbereitung, Aktion und Nachbereitung dazu. Zur Vorbereitung wird das Sterz- und Nudelfest am Freitagabend ausgerichtet. Am Samstag füllt sich der Stainzer Hauptplatz mit bis zu 1700 Läufern und Walkern, deren Fans und Zuseher – es kommen um die 5000 bis 6000 Personen – die einzigartige Stimmung mit vielen Musikstationen genießen. Anschließend wird der Kalorienverbrauch mit einem Mehlspeisenbuffet

wieder kompensiert, um gestärkt zur Läuferparty mit steirischen Schmankerln gehen zu können. Am Sonntag ist Regeneration angesagt, lockeres Auslaufen und anschließend lädt ein herzhaft steirisches Frühstück mit Jazz-Musik zum längeren Verweilen in der Schilcher-Metropole Stainz ein. Veranstalter dieses Spektakels ist der FC Sauzipf mit Obmann Werner Gaich – selbst Ironman. Nach dem Motto „bei uns is imma a Hetz" gibt es tatsächlich jedes Mal eine besonders ausgelassene Stimmung.

Ende September findet in Deutschlandsberg, am Beginn der Weinlese, der „Sturm auf den Schilcher" statt. Sturm hat in diesem Zusammenhang doppelte Bedeutung: Sturm im Sinne von Ansturm und Sturm im Sinne von stürmischem Schilcher – eine der beliebtesten Spielarten des Schilchers. An drei Tagen spielen im größten Buschenschank-Zelt Größen der volkstümlichen Musik auf, werden Trachten präsentiert, es gibt einen Umzug, der Schilcher wird erwandert und am Abend auch ertanzt. Vielleicht gehen Sie sogar als „Schilcher-König" nach Hause …

Am zweiten Wochenende im September findet im gesamten Bezirk das Ölspur-Rad-Erlebnis statt. Der ganzjährig zu befahrende Radweg wird an diesem Wochenende von hunderten Radsportlern und Hobby-Radfahrern benützt. Doch diese Veranstaltung ist kein Radsport-Bewerb, sondern soll der Entschleunigung dienen. Jeder kann die für ihn passende Route (große Runde 90 Kilometer, Hobby-Runde 60 Kilometer oder Familien-Runde 40 Kilometer) nehmen und die vielen Stationen ausgiebig genießen. Ein anschließendes Fest lässt auch die Nicht-Radfahrer auf ihre Rechnung kommen.

SCHILCHERLAUF STAINZ
SCHILCHERLAUF STAINZ
SCHILCHERLAUF STAINZ
WelschLauf

Willi Haider · Christoph Wagner
DIE STEIRISCHE
KÜCHE
200 traditionsreiche
und zeitgemäße Rezepte
pichler verlag